Fußball in Gefangenschaft

Football en captivité

Fußball in Gefangenschaft –
Football en captivité

Französische Kriegsgefangene in Brandenburg im Zweiten Weltkrieg -
Prisonniers de guerre français dans le Brandebourg
pendant la Seconde Guerre mondiale

Herausgegeben von
Stephan Theilig und Christophe Woehrle

mit Texten von
Lennard Jens Hilker, Paula Janke, Helene Ponath, Jakob Rosenau, Stephan Theilig,
Luna Walter, Johannes Weiland, Till Winkelmann und Christophe Woehrle

Herausgeber: Dr. Stephan Theilig, Dr. Christophe Woehrle

Tutoren: Dr. Stephan Theilig (Oberbarnimschulen Eberswalde), Karsten Voge (Evangelische Schule Neuruppin)

Autoren: Lennard Jens Hilker, Paula Janke, Helene Ponath, Jakob Rosenau, Dr. Stephan Theilig, Luna Walter, Johannes Weiland, Till Winkelmann, Dr. Christophe Woehrle

Lektorat / Satz: Dr. Stephan Theilig, Luna Walter

Übersetzungen: Manel Hammache, Dr. Christophe Woehrle, Nathalie Blanch, Helene Ponath

Layout: Dr. Stephan Theilig, Danish Puthan Valiyandi

Bibliografische Information der Deutschen Nationalbibliothek: Die Deutsche Nationalbibliothek verzeichnet diese Publikation in der Deutschen Nationalbibliografie; detaillierte bibliografische Daten sind im Internet über dnb.dnb.de abrufbar.

Herstellung und Verlag: BoD – Books on Demand, Norderstedt

ISBN: 978-3-7557-5924-9

Inhaltsverzeichnis

Vorwort   3

Der Frankreichfeldzug   7

Kriegsgefangenschaft und Zwangsarbeit in Brandenburg -
das Stalag III A und seine Arbeitskommandos   9

Fußball im Stalag III A   13

Fußball in den Arbeitskommandos des Stalag III A
in Damm I, II und Wutzetz   21

Roger Frémaux in Luckenwalde   27

Epilog   29

(Version française)

Avant-propos   33

La Bataille de France   37

La captivité dans la région du Brandebourg –
le Stalag III A et ses détachements   39

Le football au Stalag III A   43

Le football dans les détachements du Stalag III A
à Damm I, II et Wutzetz   51

Roger Frémaux de retour à Luckenwalde   57

Épilogue   59

Quellenanhang / Annexe source   61

Bildteil / Partie image   83

Quellen- und Literaturverzeichnis   103

Vorwort

Die vorliegende Publikation entstand aus einem Forschungsprojekt im Rahmen des Geschichtswettbewerbs des Bundespräsidenten im Jahr 2021. Schülerinnen und Schüler waren aufgerufen, historische Forschungen zum Thema „Sport macht Gesellschaft" in ihrer Region anzustellen. Abiturienten der Oberbarnimschule Eberswalde und der Evangelischen Schule Neuruppin entschlossen sich, betreut und unterstützt von ihren Tutoren, ein Thema über Sport und französische Kriegsgefangene in Brandenburg näher zu untersuchen.[1] Schnell wurde deutlich, dass es sich bislang um ein Nischenthema der Geschichtswissenschaft handelt, obwohl der Zweite Weltkrieg in seinen vielen grausamen Facetten vielfach analysiert worden ist. Das Schicksal der Millionen sowjetischen Kriegsgefangenen wurde zumindest in Fachkreisen und Dokumentationen behandelt und mit den Forschungen von Uwe Mai lagen erstmals umfangreichere Erkenntnisse zum Kriegsgefangenenwesen in Brandenburg vor.[2] Im Zentrum seiner Darstellung liegt das Stammlager Stalag III A in Luckenwalde, das größte Kriegsgefangenenlager in Brandenburg während des Zweiten Weltkriegs. Sport und Fußball sind in diesem Zusammenhang aber kaum bzw. gar nicht untersucht. Durch Zufälle tauchte eine Fotographie auf, welche eine französische Fußballmannschaft aus Luckenwalde zeigte. Sie entsprach nicht den allgemeinen Vorstellungen von Kriegsgefangenen hinter Stacheldraht. Persönliche Bezüge zu Teilen des Themas wurden schnell durch Gespräche sichtbar: in den Familien gab es noch Fotos von Familienangehörigen aus der Zeit des Frankreichfeldzugs, Lehrer erzählten von kriegsgefangenen Franzosen, die auf Bauernhöfen im Barnim und im Havelland arbeiten mussten. Aus all diesen Einzelinformationen entwickelte sich der Untersuchungsschwerpunkt der vorliegenden Arbeit: wie kann so etwas wie Sport,

---

1 Das gleichnamige Projekt wurde als „Landessieger Brandenburg" sowie mit einem „2. Preis im Bundeswettbewerb" ausgezeichnet.
2 Mai, Uwe: Kriegsgefangen in Brandenburg. Stalag III A in Luckenwalde 1939-1945. Berlin 1999; Mai, Uwe: Stalag III A Luckenwalde 1939-1945. Luckenwalde 1999.

Freizeit und scheinbarer Spaß, alles Bereiche die man mit Fußball verbinden kann, mit dem doch eher tragischen Thema Kriegsgefangenschaft im Zweiten Weltkrieg zusammenpassen? Wie fügte sich der Sport in den Alltag ein? Wo, wann und für wen spielte Fußball eine Rolle und welche Bedeutung hatte Fußball für den Einzelnen und für die Gruppe?

Bei der Beantwortung dieser Fragen und der Kontextualisierung der Antworten konnte nur auf einen überschaubaren deutschen Forschungs- und Literaturbestand zurückgegriffen werden. Auch in Frankreich wurde das Thema der französischen Kriegsgefangenen bislang nur selten behandelt. Erst 1967 kam in Frankreich eine Arbeit über das Thema von Pierre Gascar heraus, eine der letzten 2019 von Christophe Woehrle.[3] Dies liegt daran, dass in Frankreich bislang die Frage der Shoah, die Helden und Widerstandskämpfer im Mittelpunkt standen. In der offiziellen Historiographie war kaum Platz für die „Verlierer von 1940". Dagegen gibt es eine Vielzahl autobiographischer Zeugnisse und Familienforschungen, die das Schweigen durchbrechen.[4] Besonders zu erwähnen ist das Tagebuch von Jean Roger Frémaux, welches von Benoit Hamelin bearbeitet, kontextualisiert und veröffentlicht wurde.[5] In unseren Forschungen zum Thema Fußball bei französischen Kriegsgefangenen in Brandenburg haben wir uns auch auf die umfangreiche Dissertation von Doriane Gomet zum Thema des Sport bei französischen Gefangenen in Deutschland stützen können.[6] Ergänzt durch die fast vollständige Überlieferung der Lagerzeitung des Stalag III A und Unterlagen des Internationalen Roten Kreuz entstand ein sehr komplexes Bild. Auch das Museum

---

3   Gascar, Pierre: Histoire de la captivité des Français en Allemagne. Pairs 1967; Woehrle, Christophe: Prisonniers de guerre dans l'industrie de guerre allemande. Beaumontois-en-Périgord 2019.

4   Starck, José: Synthese – Captives des Guerre en Brandenbourg. Manuskript 2017; Starck, José / Guérard, Lucien: Villages oubliés de l`Allemagne orientale. Lille 2018.

5   Das Tagebuch von Jean Frémaux und das Projekt sind auf abrufbar unter: https://www.ormuteditions.com. Weiterhin zu nennen ist die eindrückliche Graphic Novel von Silloray, Florent: Auf den Spuren Rogers. Berlin 2013.

6   Gomet, Doriane: Sports et pratiques corporelles chez les déportes, prisonniers de guerre et requis français en Allemagne durant la seconde guerre mondiale (1940-1945). Dissertation vorgelegt an der Philosophisch-Historischen Fakultät der Universität Stuttgart 2012.

Luckenwalde mit seinem Museumsleiter Roman Schmidt half uns mit Kopien und Hintergrundwissen zum Stalag III A weiter. Doch erst durch die zahlreichen Hinweise, Hintergrundinformationen und Fotographien, die wir durch Mitglieder der facebook-Gruppe „Stalag III A (3a) Luckenwalde" und ihrem Administrator Frédéric Rohel erhielten, ergab sich ein lebendiges Geschichtsbild. Wichtige Hintergrundinformationen zu den Außen- und Arbeitslagern wurden uns durch den Heimatforscher Sven Leist gegeben, der uns die Standorte der Lager in Damm und Wutzetz zeigte. Stellvertretend für die viele Unterstützung, die wir erfuhren, danken wir Danish Puthan Valiyandi, der die Video-Dokumentation tatkräftig unterstützt hat, sowie Manel Hammache, die uns bei den unzähligen Übersetzungen zur Seite stand. Wir hoffen sehr, dass die Lektüre unserer aller Arbeit Einblicke in diese düstere Zeit brandenburgischer Geschichte gewährt sowie neue Fragen und Forschungen anregt, um die Erinnerungen für zukünftige Generationen lebendig zu halten.

Die Herausgeber und Autoren des Projekts

Der Frankreichfeldzug

Am 3. September 1939 erklärten Frankreich und Großbritannien dem Deutschen Reich den Krieg, nachdem dieses zwei Tage zuvor Polen überfallen und damit den Zweiten Weltkrieg begonnen hatte. An den Grenzen zu Frankreich herrschte jedoch, außer in ein paar Ausnahmesituationen, fast immer Waffenruhe, weshalb diese anfängliche Phase auch als „Sitzkrieg" bezeichnet wurde. Diese ersten Monate wurden besonders von gegenseitigen Propagandaaktionen bestimmt. Mehr als 29 Mal wurde der Angriffsplan auf Frankreich verschoben. Unvorhergesehen begannen deutsche Truppen am 10. Mai 1940 die französischen Stellungen anzugreifen. Zunächst ging die deutsche Luftwaffe gegen die französischen Luftstreitkräfte vor und vernichtete einen Großteil von ihnen noch auf dem Boden. In der Folge rückten deutsche Verbände der Heeresgruppe B, wie von den Alliierten erwartet, im Norden vor und folgten dem Angriffsschema des „Schlieffenplans".

Jedoch warteten im Süden bereits weitere Verbände der Heeresgruppen C, um gegen die mit Festungen geschützte Maginotlinie vorzugehen. Zudem rückten in einem Hauptstoß Panzerverbände der Heeresgruppe A durch die unwegsamen Ardennen vor. Diese Vorgehensweise wurde später von Winston Churchill als „Sichelschnittplan" bezeichnet. Zunächst wurden die alliierten Verbände bei Dünkirchen eingekesselt. Nach deren dramatischer Evakuierung konzentrierten sich die deutschen Truppen darauf, in Richtung der Schweizer Grenze im Süden vorzustoßen. Bereits am 14. Juni 1940 wurde Paris kampflos besetzt.[7]

Kurz darauf, am 22. Juni 1940, wurde in einem Bahnwaggon im Wald von Compiègne, am gleichen Ort wie 1918, der Waffenstillstand von Generaloberst Wilhelm Keitel und General Charles Huntzinger unterzeichnet. Die französische

---

7 Neugebauer, Karl-Volker (Hrsg.): Grundkurs deutsche Militärgeschichte. Band 2: Das Zeitalter der Weltkriege 1914 bis 1945 – Völker in Waffen. München 2007, S. 366ff. Hierzu auch Der Zweite Weltkrieg. Von München bis Moskau, Band 1. Stuttgart, Zürich, Wien 1989, S. 65-148.

Führung hatte zuvor noch versucht, die USA zu einem Kriegseintritt zu bewegen, jedoch ohne Erfolg.

Einen Tag nach der Unterzeichnung inszenierte sich Adolf Hitler als „Tourist und Eroberer" zugleich in Paris. Die Bilder von ihm vor dem Eifelturm und der proklamierte „Blitzsieg" über Frankreich brachten ihn auf den Höhepunkt seines innenpolitischen Ansehens. Verdeckt wird durch diese Bild- und Propagandasprache, dass während der Westoffensive rund 92.000 französische und 27.000 deutsche Soldaten starben sowie etwa 200.000 französische und 111.000 deutsche Soldaten verwundet wurden. Etwa 1,8 Millionen französische Soldaten gerieten in deutsche Kriegsgefangenschaft.

Kriegsgefangenschaft und Zwangsarbeit in Brandenburg -

das Stalag III A und seine Arbeitskommandos

Den Transport in die 28 Offizierslager (Oflags) und 69 Stammlager (Stalags), die in den 10 deutschen Wehrkreisen verteilt lagen, traten zunächst rund 1.580.000 französische Kriegsgefangene an, was einem Anteil von 10% der männlichen erwachsenen Franzosen zu dieser Zeit entsprach und die Produktion in Landwirtschaft und Industrie Frankreichs nachhaltig beeinträchtigte. Von den Stalags aus wurden 95% der Kriegsgefangenen meist unverzüglich in ca. 82.000 Arbeitskommandos unterschiedlicher Größe in Industrie, Landwirtschaft und Handwerk verteilt, die oft über eigene Lager verfügten, oder in sogenannten Bau- und Arbeitsbataillonen mit wechselnden Einsatzorten eingeteilt.[8]

In Luckenwalde, südlich von Berlin, befand sich das Stammlager STALAG III A, das wohl größte seiner Art im damaligen Wehrkreis III. Im Sommer 1940 kamen die ersten 40.000 französischen Kriegsgefangenen in das Lager. Die französischen Häftlinge bildeten dort bis zum Kriegsende die größte Kriegsgefangenengruppe. Im Stalag III A befand sich auch eine Dienststelle des Arbeitsamtes, an welche sich „Arbeitgeber" direkt wenden konnten. Denn in Brandenburg mussten die Arbeitsplätze von den zwischen 1939 und 1946 410.000 Männern besetzt werden, die an der Front oder andernorts eingesetzt waren.[9]

So verwundert es nicht, wenn sich am 14. April 1941 4.185 Häftlinge im Lager befanden, während die Arbeitskommandos außerhalb des Lagers 35.472 Häftlinge zählten. Folgt man der Auflistung des Archives des Victimes des Conflits Contemporains (DAVCC) in Caen, so ist allein in Brandenburg, ausgehend vom

---

8   Vgl. Starck, Guérard 2018 sowie Overmans, Rüdiger: Die Kriegsgefangenenpolitik des Deutschen Reiches 1939 bis 1945. In: Die Deutsche Kriegsgesellschaft 1939–1945. Band 9, Zweiter Halbband: Ausbeutung, Deutungen, Ausgrenzung. (= Das Deutsche Reich und der Zweite Weltkrieg. Band 9/1–2). Im Auftrag des Militärgeschichtlichen Forschungsamtes herausgegeben von Jörg Echternkamp. München 2005, S. 729–875.
9   Hahn, Peter-Michael: Geschichte Brandenburgs. München 2009, S. 97.

Stalag III A, von über 700 französischen Arbeitskommandos auszugehen. Manche von ihnen mit nur wenigen Gefangenen, andere dagegen mit mehreren hunderten.[10]

Insgesamt durchliefen 200.000 Kriegsgefangene aus 10 Nationen das Stalag III A. Das Lager wurde entsprechend der Vereinbarungen der Haager Landkriegsordnung und der Genfer Konvention geführt. Daher hatten die Kriegsgefangenen das Recht, Briefe zu schreiben und an ihre Familien zu senden sowie das Recht, Hilfspakete zu erhalten. Dies wurde vom internationalen Komitee des Roten Kreuzes überwacht. Die sowjetischen Gefangenen hatten jedoch keinen Anspruch auf diese Rechte und auf gute Behandlung, da die Sowjetunion, so die zynische Erklärung der deutschen Führung, diese Verträge nicht alle unterschrieben hatte und die Wehrmachtsführung daher die Anerkennung der sowjetischen Soldaten als reguläre Kriegsgefangene verweigerte.[11] So erklärt sich auch, dass während einer großen Typhus-Epidemie zwischen dem 11. Februar und 16. März 1942 besonders viele sowjetische Opfer zu beklagen waren.

Drei der zahlreichen Nebenlager für Arbeitskommandos aus Luckenwalde befanden sich im heutigen Landkreis Havelland bei Friesack, an der Grenze zum Landkreis Ostprignitz-Ruppin. Es handelt sich bei den Lagern um Damm I, Damm II und Wutzetz. Ab 1933 wurden diese drei Lager ursprünglich als Reichsarbeitsdienstlager errichtet. Sie gehörten zu einer größeren Anzahl von Reichsarbeitsdienstabteilungen in der Region, die im Havelluch und im Rhinluch die Trockenlegungen, den Straßen- und Wegebau sowie den Siedlungsbau vorantreiben sollten. Nach dem Beginn des Zweiten Weltkrieges wurden die Lager jedoch zu Kriegsgefangenenlagern umstrukturiert, in denen serbische, italienische, sowjetische, polnische, irische und französische Kriegsgefangene interniert wurden. Untergebracht wurden die Gefangenen in Baracken, die einfach aber durchaus wohnlich waren, glaubt man den Briefen der Gefangenen. Vielleicht ist hier auch

---

10 Eine Übersicht über die im Archives des Victimes des Conflits Contemporains (DAVCC) in Caen aufgeführten Arbeitskommandos wurde uns freundlicherweise von Frédéric Rohel zur Verfügung gestellt.

11 Siehe Mai 1999.

eine Beruhigung der Familien zu Hause der Grund für diese Aussagen gewesen. Berichtet wird davon, dass es in Damm I drei Mannschaftsbaracken, zwei Wirtschaftsbaracken und einen Speisesaal gab. Letzterer diente gleichzeitig als Versammlungsraum. Die Gefangenen waren weitgehend bei guter Gesundheit und nur ein Todesfall ist bekannt.[12] Über die Ernährung der Kriegsgefangenen ist aus Zeitzeugenberichten Folgendes bekannt: Es soll sowohl Frühstück, Mittagessen und Abendessen gegeben haben. Teilweise gab es wohl nachmittags auch eine Art Kaffeetrinken. Die Versorgung war jedoch sehr eintönig.

Generell herrschten aber teils große Unterschiede zwischen den verschiedenen Lagern und Unterkünften in Brandenburg. Einheiten, die beispielsweise auf einem Schlachthof untergebracht waren, speisten teilweise besser, als die normale Bevölkerung, andere Einheiten hingegen hatten kaum genug, um zu überleben. Oft wurde die Nahrungsverteilung auch an die erbrachten Arbeitsleistungen angepasst, so dass „Schwerstarbeiter" teilweise die doppelte Nahrungsration bekamen als die „Normalarbeiter". Außerdem wird von einer Art Schwarzmarkt innerhalb der Lager berichtet, auf denen man „Luxusprodukte" oder Nahrung erstehen konnte.

Ab 1943 wurde vermehrt gegen bekanntgewordene Missstände in den Lagern vorgegangen und auf Druck besonders des Internationalen Roten Kreuzes die Lebens- und Arbeitsbedingungen, wo es ging, „verbessert". Unter dem Aspekt der Effizienzsteigerung wurde ebenso der „psychische Druck" verringert und die Angebote für die eher eingeschränkte Freizeit an die Arbeit angepasst. So gab es zum Beispiel für französische Kriegsgefangene in Luckenwalde Kinovorstellungen sowie Theatergruppen und Sportangebote, zu denen auch Fußball zählte. In den Lagern wurden dafür sogar Fußballplätze eingerichtet. Auch in den Nebenlagern Damm I, Damm II und Wutzetz konnten die Arbeitskommandos ihre wenige Freizeit nach ihren Möglichkeiten weitestgehend selbst bestimmt verbringen. Der Sport und insbesondere Fußball spielten dabei eine besondere Rolle.

---

12 Leist, Sven: Das Lager in Damm. RAD / Stalag / Oflag … und auch ein geheimes Agentenlager. In: Friesacker Quitzow Kurier, Nr. 48 2013, S. 3.

Fußball im Stalag III A

Ab 1941 setzten erste größere Veränderungen im Leben der französischen Kriegs-gefangenen in Luckenwalde ein. Für diesen Zeitraum finden sich in Aufzeichnun-gen der Gefangenenkommissionen des Roten Kreuzes die ersten Anmerkungen und Belege für das Auftauchen von organisierten Sportaktivitäten im Stammlager III A, darunter auch Fußball. In dem Bericht vom 17. Juli 1941 heißt es: „Ein schöner Sportplatz mit verschiedenen Turngeräten und einer Laufbahn ermöglicht auch das Fußballspiel. Wir bitten um Fußbälle für die Arbeitsabteilungen."[13] Aus Gründen wie der Förderung ihrer physischen und psychischen Gesundheit, vorwiegend aber aufgrund der Tatsache, dass französische Kriegsgefangene weitaus größere Spielräume hatten als beispielsweise die sowjetischen, wurde es den Häft-lingen erlaubt, sich in Mannschaften zusammen zu finden und zu organisieren. Davon berichtet auch der Kriegsgefangene René Chauveau:

„Aus sportlicher Sicht, obwohl die meisten meiner Kameraden nie trainierten, ge-lang es mir, eine Fußballmannschaft zu gründen, und es war uns möglich, gegen be-nachbarte Kommandos und trotz der Verbote gegen Mannschaften ausländischer Gefangener und sogar gegen Deutsche zu spielen, die aber manchmal von der Poli-zei unterbrochen wurden."[14]

An erster Stelle im Alltag der Gefangenen stand jedoch die Arbeit, so dass Fußball-spiele scheinbar nur am Sonntag möglich waren, in einem arbeitsfreien Zeitraum, wie es eine Bemerkung im Bericht von Gierre Maxime Louquet vermuten lässt: „Sonntag Nachmittag: Fußball Match zwischen uns und benachbarten Komman-dos."[15] In der wenigen Freizeit wurden auch Sportarten wie Boxen, Volleyball, Tischtennis und Rugby praktiziert. Das Rote Kreuz spendete zu diesem Zweck mehrere Sportutensilien, unter anderem auch Fuß- und Tischtennisbälle. In einem

---

13 IKRK, 17.7.1941.
14 René Chauveau, geb. 4.4.1913, geriet am 17.5.1940 in Gefangenschaft und kam nach Luckenwalde. Zeitzeugenbericht von Chauveau, S. 4.
15 Gierre Maxime Louquet, geb. 3.9.1913, geriet am 23.6.1940 bei Nancy in Gefangenschaft und kam nach Luckenwalde. Zeitzeugenbericht von Louquet, S. 5.

Bericht des Roten Kreuzes vom 1. Juli 1942 wurde der Bedarf etwas genauer aufgeführt: „Zähne und Material für Zahnprothesen, Fußbälle und Bälle für Rugby, Ausrüstung für die Fußballmannschaft, Tischtennisbälle."[16]

Zu Beginn wurde jedoch in den wenigen Freiräumen improvisiert. So heißt es aus einem anderen Gefangenenlager: „Auf dem Sportplatz wurden Fußballtore aufgestellt. Die Männer spielten. Das heißt, das zweiundzwanzig Männer in Armeehosen mit nackter Brust Ball spielten, von sieben- oder achttausend ihrer Kameraden beobachtet."[17] Die Vermutung liegt nahe, dass Fußball sich schnell durchsetzen konnte, da es sich sowohl in Deutschland als auch in Frankreich großer Popularität erfreute. Der Aufwand (ein Ball) ist nicht sehr groß, auch ein Platz ist schnell zu finden. Außerdem ist Fußball ein Publikumsmagnet – bis heute. Schnell liegt die Konzentration und Aufmerksamkeit der Spieler und Zuschauer auf dem rollenden Leder.

Die Mehrzahl der schriftlichen Überlieferungen zu Fußballspielen im Lager in Luckenwalde finden sich für die Jahre 1942/43. Die französische Lagerzeitung „Le III A" berichtete ausführlich über die sportlichen Aktivitäten, besonders über den Fußball. So finden sich Spielberichte, Spielstände und kleinere Reportagen in den Ausgaben. In wenigen Fällen sind auch Fotographien abgedruckt. Einer der Sportredakteure war Louis Folliot. Er war nicht nur ein begeisterter Fußballfan, sondern pfiff sogar die Spiele als Schiedsrichter, über die er dann im Nachhinein berichtete.

Nach scheinbar anfänglich improvisierten Spielen entwickelte sich ein fast professionelles Ligasystem im Stalag und anschließend in den zahlreichen Arbeitskommandos sowie zwischen diesen.   Das „Eröffnungsspiel" dieser „Liga" gewann die Mannschaft des Stalag, der „CSS III A", am 10. Mai 1942 gegen die Mannschaft des „AK 483 C Ludwigsfelde" mit 3 zu 0.[18] Das Rückspiel erfolgte eine Woche später in Ludwigsfelde. Im später erschienenen Bericht darüber wird jedoch auch die eigentliche Wirkung des Sports deutlich:

---

16 IKRK, 01.07.1942.
17 Claude Jamet, nach: Gomet 2012, Bd. 1, S. 132.
18 Le III A, Juli 1942.

14

„Die Freude war in jedes Gesicht geschrieben, die Freude, sich vom Stacheldraht entfernen zu können. Nach einer kurzen Fahrt stiegen wir am Bahnhof Ludwigsfelde aus, wo der Kommandoführer und mehrere Kameraden auf uns warteten."[19]

Dieses Spiel gewann Ludwigsfelde für den Reporter Folliot scheinbar beeindruckend. Jedoch auch danach trafen sich die Spieler beider Mannschaften, „ ... und so endete der Tag, an dem wir durch den Sport und in einer offenen Atmosphäre der Kameradschaft für einige Stunden unsere Gefangenschaft vergessen konnten."[20] An den folgenden Meisterschaften zwischen dem Stalag und den Arbeitskommandos beteiligten sich die jeweiligen ersten und Reserve-Mannschaften: CSS III A, 483 C Ludwigsfelde, 941 D Teltow, 726 C Luckenwalde, 416 E Jüterbog sowie 952 C Oranienburg.[21] In jenem Sommer im Jahre 1942 fand erstmals auch eine Meisterschaft der „Regionalgruppen" statt. Das Finale bestritten am 4. Juli 1942 die Mannschaften von „Paris" und „Nord". Es endete mit einem 7 zu 4 Sieg von Paris. Die Meisterschaft der „Lagerliga" ging 1942 an die Mannschaft des 726 C Luckenwalde. Die Reservemannschaft des CSS III A gewann die „2. Liga".

Im Februar 1943 wurden auf Initiative des Gefangenenbeauftragten für Sport Seiler in einer offiziellen Zeremonie sogar Pokale und Urkunden verliehen. Auf einer Fotografie ist die Reservemannschaft mit diesem Pokal abgebildet. Bei der Zeremonie wurde aber auch deutlich, dass diese „Aktivität" sehr vom Wohlwollen der deutschen Lagerleitungen abhängig war: „Der Schiedsrichter Seiler dankte den deutschen Behörden für die Erleichterung der Treffen und des Transports der Teams. Er würdigte das gute Benehmen und den Teamgeist der Spieler und gratulierte insbesondere Bonini, Kapitän von Team 1 von Luckenwalde."[22] Besonders deutlich wird die Abhängigkeit von den deutschen Instanzen jedoch in der Rede des Vertrauensmannes Roger Montagne, die er während dieser Feierlichkeiten zum Ausdruck bringt, er: „[...] möchte nicht die Gelegenheit verpassen, Herrn Hauptmann

---

19 Le III A, 1.8.1942.
20 Ebd.
21 Le III A, Oktober 1942.
22 Le III A, März 1943.

Desouches die tiefe Dankbarkeit für die Ehre der Anwesenheit bei der Zeremonie, trotz seiner zahlreichen Aufgaben, auszudrücken. Er bedankt sich bei dem Herrn Sonderführer und Herrn Unteroffizier Wüstenhöffer für ihr Verständnis und die Unterstützung, die sie den Athleten bei der Organisation der Spiele im Stalag und in den Kommandos gegeben haben. Er betont die Bemühungen der Beobachter und vergrößert ihre Aufgabe, ihre Kameraden von der völligen Untätigkeit und der bedrückenden Atmosphäre einer Barracke nach oft mühsamer Arbeit in der Werkstatt oder in der Fabrik loszureißen, um ihnen einen Raum für eine gesunde, starke und männliche Atmosphäre zu geben, beruhend auf Brüderlichkeit und Kameradschaft."[23]

Das Jahr 1943 machte noch mit einem anderen Fußballereignis auf sich aufmerksam. Nach einem Aufruf in der Lagerzeitung sollten unterschiedliche Teams die Stalag Mannschaft herausfordern:

„Sonntag den 4.4.1943 findet ein besonderes Turnier statt. Die Auswahl der Lagermannschaft gegen den Rest: das Wahrscheinliche gegen das Mögliche. Ein guter Platz, ein guter Ball und eine angenehme Atmosphäre. Freier Eintritt, aber die Sonne jammert. Anstoß ist um 14:15 Uhr […] Das Match beginnt nur mit 45 Minuten Verspätung, das ist wenig, wenn man bedenkt, dass das Leben noch länger gehen wird. Man sollte aber nichts sagen, denn es ist ohnehin kostenfrei. […]" Vorschläge für mögliche Teams waren: „Theater gegen Musik, Sanitäter gegen Ordonanzen, Ärzte gegen Reformierte, Schuster gegen Schneider, Buxen Kommando gegen Muxen Kommando, „Abwehr" gegen Ledige, Väter von 3 Kindern gegen Väter von 2 Kindern, Gärtner von 334 gegen Erntehelfer, Baracken Chefs gegen Übersetzer."[24]

Ob dieses Spiele so stattgefunden haben, lässt sich aus den Quellen nicht mehr nachvollziehen. Ein Hinweis aus dem Tagebuch von Roger Frémaux deutet aber

---

23 Le III A, März 1943.
24 Le III A, April/Mai 1943.

darauf hin, dass solche Spiele auch schon vorher stattgefunden haben müssen, wenn er für den 2. November 1942 bemerkt, dass ein „homerisches Fußballspiel der Mannschaften vom Wald-Arbeitskommandos und der Fußballmannschaft der „Musik und Theater"-Gruppe stattgefunden hat, welches Frémaux und die „Waldmannschaft" 3 zu 2 „schmerzlich" gewannen und am Ende völlig außer Atem waren.[25]

Ab 1943 finden sich vergleichsweise zu 1942 immer weniger Überlieferungen zu Fußball und Sport im Allgemeinen. Dies hing vermutlich auch mit dem Fortschreiten des Krieges zusammen und verdeutlicht die eigentliche Situation der Franzosen, denn sie waren immer noch Kriegsgefangene der Deutschen.

Die Bedeutung des Sports und des Fußballs für die Kriegsgefangenen aber darf gerade in dieser Zeit nicht unterschätzt werden. Durch Fußball konnten sie aus der scheinbar ausweglosen Situation entfliehen, auch als bloße Zuschauer. Denn die Spiele zogen die Mitgefangenen als Publikum magisch an, so heißt es in einem Bericht eines weiteren Kriegsgefangenen, der neben den Bedingungen der Gefangenschaft auch kurz die wenigen Freizeitaktivitäten erwähnt: „Sport in den Lagern beschränkt sich nicht nur auf Fußball, sondern ist der einzige, der zusammen mit Rugby viel weniger getrieben wird angesichts der Öffentlichkeit, die es anzieht, die wichtigste kollektive Unterhaltung."[26]

In einer Untersuchung von Doriane Gomet für die Stalags V A und VI J wird für die Sportarten unter französischen Kriegsgefangenen der Fußball als beliebteste Sportart für die Arbeitskommandos aufgeführt. Auch welche Freude, man könnte fast von Lebensfreude sprechen, die sportliche Betätigung bei den Kriegsgefangenen auslöste, lässt sich an einer Bemerkung von Louis Althusser ablesen. Der begeisterte Fußballspieler sendete per Post an seine Familie detaillierte Berichte über seine „Fußball-Heldentaten", auf die er großen Wert legte:

25 Frémaux, S. 519f.
26 Pierre Gascard, nach: Gomet 2012, Bd. 1, S. 23.

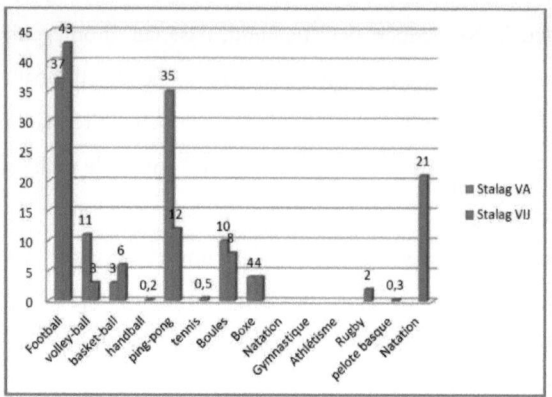

Beliebtheit der Sportarten in den Stalags V A und VI J. [27]

„Ich schreibe dir an diesem ersten Sonntag im September voller Sonne, Regen und Wolken. Am Ende eines sechsten Fußballturniers, das dem Stalag 24 Stunden lang alle Themen von Schmerz und Sorge entzogen hat. Sechs Teams standen gestern Nachmittag und heute an; wir haben unser erstes Spiel gegen die Mannschaft von Cler de Channes gewonnen." [28]

Natürlich waren solche Wettbewerbe nur möglich, wenn sich genügend Spieler fanden. In den Arbeitskommandos sah die Situation manchmal etwas anders aus. So hatte das Arbeitskommando in Jüterbog im Mai 1943 nicht ausreichend viele französische Gefangene. Und auch darf nicht davon ausgegangen werden, dass alle fußballbegeistert waren. Jedoch zeigte sich dort: „eine abwechslungsreiche Auswahl an Sportveranstaltungen: `Sie haben ein großes Fußballfeld, und spielen auch Fußball, Handball und Volleyball; Einige von ihnen machen auch Gymnastik`."[29]

Für die Spieler der Mannschaften waren die Spiele die einzige Möglichkeit, um mal „raus" zu kommen. Denn über all den Freiheiten, welche die französischen Kriegs-

27 Gomet 2012, Bd. 2, S. 514.
28 Ebd.
29 Nach Gomet 2012, Bd. 2, S. 517.

gefangenen genossen, darf man nicht vergessen, dass sie Kriegsgefangene waren und ein Leben hinter Gittern und Zäunen führen mussten, ohne zu wissen, wann diese Zeit für sie vorbei sein würde. Es gab für diese Männer durch den Fußball einen Punkt in ihrem Leben, auf den sie sich konzentrieren konnten, der Leidenschaft von ihnen forderte, außerhalb ihres Alltags und ihrer Arbeit, ihres Lebens hinter Mauern und Stacheldraht. Für die inhaftierten Franzosen war es eine willkommene Ablenkung und für die Deutschen eine gute Möglichkeit, auch gegenüber den ausländischen Gefangenenkommissionen, ihre „menschenfreundliche Seite" zu demonstrieren, denn sie nutzten diese kleinen Freiräume propagandistisch durchaus aus.

Außerhalb des Spielfeldes ließen sie die Kriegsgefangenen dagegen ganz genau spüren, wo sie waren, denn der Alltag bestand in unterschiedlich gearteten Arbeitseinsätzen. Auch gab es für die Planung und Ausrichtung von Spielen Einschränkungen, die eine weitergehende Organisation und Verbrüderung der Gefangenen untereinander verhindern sollten. Beispielsweise waren Spiele mit anderen Lagern (anderen Nationalitäten) verboten. Nur in Ausnahmefällen waren diese gestattet.

Ab 1944 schwinden die Informationen in den Überlieferungen der Lagerzeitung. Der Krieg hatte die Führung über die Situation an sich gerissen. Obwohl im Stalag III A Luckenwalde noch im Frühjahr 1944 etwa 100 Fußballmannschaften existierten, änderte sich Vieles für den organisierten Sport im Lager, denn „in Stalag III A wurden die Gefangenen im Sommer 1944 ihres Sportplatzes beraubt, auf dem Zelte aufgeschlagen wurden. Der Delegierte des Internationalen Roten Kreuz stellte mit Bedauern fest: „Diese neuen Maßnahmen sind umso bedauerlicher, als genau in dieser Saison der Sport in vollem Gang sein sollte."[30]

Folgt man jedoch der Vielzahl persönlicher Gefangenenzeugnisse, so erfreute sich der Fußball auch weiterhin, eher unorganisierter, einer sehr großen Beliebtheit, gerade weil er für Spieler und für Publikum ein kurzes Entfliehen aus der Gefangenschaft bedeutete. Fußball scheint für die Gefangenen ein Lichtblick in ihrem per-

---

30 Nach ebd.

spektivlosen Leben hinter Gittern und in ihrer Erinnerung geblieben zu sein, egal wie schwer die äußeren Umstände auch gewesen sein mögen.

Bislang war vor allem vom Fußball und den Sportaktivitäten im Lager Stalag III A in Luckenwalde die Rede. Angeklungen aber ist, dass es in den einzelnen, auch kleineren, Arbeitskommandos in Brandenburg durchaus anders aussehen konnte.

Fußball in den Arbeitskommandos des Stalag III A
in Damm I, II und Wutzetz

Der bereits erwähnte Franzose Roger Frémaux geriet im Mai 1940 mit seiner Einheit in Kriegsgefangenschaft. Von da an schrieb er ein Tagebuch, welches von Hamelin Benoit ediert und uns zur Verfügung gestellt wurde. Es beginnt mit einer Zusammenfassung seines Weges in die Luchgebiete nordwestlich von Berlin. Roger Frémaux berichtet: „Wir werden zum Stalag III A in Luckenwalde, 50 km südwestlich von Berlin gebracht, ich war Teil eines Konvois von ca. 300 Gefangenen, es ging weiter am 10. Juni 1940 nach Friesack, einer kleinen Stadt 68 km nordwestlich von Berlin entfernt, an der Strecke Berlin-Hamburg; dort, im Lager von Damm I und dann von Damm II. Der Zufall und das Glück haben mich dazu gebracht, Leiter der Kompanie und späterer Vertrauensmann zu werden. Nach der Auflösung des Kommandos am 10. Mai 1942 kehrte ich ins Stalag zurück, wo ich versuchte, zu bleiben, teilweise auf dem Posten des Postboten, Holzfällers und schließlich als „unwillig" bezeichnet." [31]

In dieser eher einsamen Region, die vom Havelluch und dem Rhinluch bestimmt werden, waren bereits in den 1930er Jahren Reichsarbeitsdienstlager errichtet worden. Von dort aus arbeiteten die einzelnen Reichsarbeitsdienstabteilungen an der weiteren Trockenlegung des Havel- und Rhinluchs. Mit Ausbruch des Krieges wurden diese Abteilungen abgezogen. Viele wurden in das am 26.8.1939 aufgestellte Bau-Bataillon 207 nach Bernau bei Berlin versetzt. Von dort aus ging es direkt nach Polen an die Front. Kurze Zeit später wurde vom Wasserwirtschaftsamt in Neuruppin der dringende Bedarf an bis zu 5.000 Kriegsgefangenen zur Fortführung der Arbeiten angefragt.[32] Die verwaisten Arbeitsdienstlager wurden der Wehrmacht unterstellt und folgend als Kriegsgefangenenlager genutzt. Die französischen Arbeitskommandos, auch das von Frémaux, wurden nach

---

31 Frémaux, S. 19.
32 BLHA, Rep. 27C, Nr. 66, Schreiben vom 27.09.1939. Siehe dazu auch den Einsatzplan in einer Kartenzeichnung, ebd. 6.10.1939.

derzeitigem Wissensstand ebenso in Privatunterkünften und z.B. im Saal des Gasthauses in Wutzetz untergebracht.[33]

Frémaux selbst war ein begeisterter Basketballspieler und ist auf einem Foto als solcher zu erkennen. Als Sportschuhe dienten ihm dabei Sandalen. Aus seiner Zeit in Damm berichtet er von einem harten Arbeitsalltag, der darin bestand, den Rhinkanal weiterzubauen. Dabei kamen sie auf 50 bis teilweise sogar 70 Arbeitsstunden die Woche. Freizeit musste ihnen aber gegeben werden und dies wurde vom Roten Kreuz überwacht. Wie gezeigt wurde, musste den Kriegsgefangenen in den Arbeitskommandos auch Sport, Bildung sowie Kartenspiele in ihrer Freizeit möglich sein.

Um dies zu gewährleisten, waren bereits am Ende 1941 sportliche Aktivitäten durch sogenannte Sportpläne organisiert.[34] Die Verpflichtungen im Lager sowie die Arbeit, aber auch die Freizeitaktivitäten wurden dadurch geregelt. Sport- und Freizeitgestaltung variierten hierbei jedoch stark und waren vom „Arbeitgeber" oder den „Lagerleitungen" abhängig. Das Rote Kreuz stellte Sportgeräte, besonders einfache Ausrüstung wie Fuß- und Tischtennisbälle zur Verfügung. Der wenige Bedarf für ein Fußballspiel förderte wahrscheinlich auch dessen Popularität. Als Überlegung gilt hier angebracht, ob der Fußball nicht auch als eine Art kollektive Zusammenkunft galt, vielleicht sogar in speziellen Gruppen nach persönlichen Vorlieben eingeteilt und vielleicht sogar als eine Art und Weise, Rivalitäten auszutragen bzw. sich zu organisieren.

Wenn man hier die vorher erwähnte Arbeitszeit der Gefangenen betrachtet, kann man sich vorstellen, wie wenig Zeit diese tatsächlich hatten, um Sport zu treiben. Die Möglichkeit bestand lediglich an den Wochenenden und hier meist nur an

---

33 Die etwas ungenaue Überlieferungslage hängt mit den wenigen noch lebenden Zeitzeugen vor Ort zusammen. Nach Recherchen des Heimatforschers Sven Leist lassen sich folgende Perioden und Belegungen zunächst festhalten: bis Ende August 1939 RAD (Wutzetz, Damm I und Damm II), ab September 1939 KGF Polen (auf jeden Fall in Damm II), Juni 1940 bis Mai 1942 KGF Franzosen (Damm II), 14.8.1940 bis 1943 dient Damm I als "Stalag XX-A (301) = Camp Friesack (für Iren), September bzw. Dezember 1943 bis 1945 als Oflag 8 (sicher Wutzetz, Damm II vermutlich aber auch Damm I).
34 Bereits ab Oktober 1941 wurde mehrfach in der Le III A nach Sportlehrern gefragt.

vereinzelten Sonntagen. Außerdem war das Fußballspielen nur in Arbeitskommandos möglich, die die erforderliche Größe besaßen. Zudem geschah das Spiel auf freiwilliger Basis. Größere Spiele schienen eine Ausnahme gewesen zu sein. Vielmehr stand das „Kicken" im Vordergrund. Spiele waren eine Besonderheit, die als Zugeständnis der Deutschen an die Kriegsgefangenen Franzosen zu sehen sind. Daher gab es für die Franzosen auch keine Vergünstigung dafür, dass sie sich sportlich betätigten. Aber welche Funktion erfüllte der Fußball in den Lagern und Arbeitskommandos, besonders in Damm I und Damm II noch?

Aus Frémauxs Aussagen kann geschlossen werden, dass Sport auch in den Luchkommandos eine psychologische Funktion hatte. Oft wird von einer sogenannten Stacheldrahtpsychose gesprochen an der die Gefangenen litten. Die Dauer ihrer Gefangenschaft war nicht begrenzt, ihre Zeit in den Arbeitskommandos war nicht vorhersehbar. Ihre Freiheit war massiv eingeschränkt und sie waren gefangen in einer ausweglosen Situation. Fußball lenkte sie ab von diesem trostlosen und ausweglosen Leben. Sie genossen durch das Spiel einen Moment der Freiheit und konnten ihrer Gefangenschaft für einen kurzen Augenblick entfliehen. Es finden sich also in den Arbeitskommandos ähnliche Zusammenhänge wie in Luckenwalde selbst. Diese Psychose und die Gefangenschaft in der Zeit- und Ziellosigkeit wurde zudem, wie im Fall Frémaux, durch die zum Teil trostlose Umgebung im Havel- und Rhinluch gesteigert.

Für uns interessant sind Beschreibungen der vereinzelten, nicht häufigen Fußballspiele zwischen den lokalen Arbeitskommandos:

„SONNTAG, 16. MÄRZ 1941: Fußballspiel in Wutzetz: Sieg für Damm II gegen das Kommando von Wutzetz mit 4 zu 1 Toren."[35]

---

35 Frémaux, S. 222.

„SONNTAG, 23. MÄRZ 1941: Fußballspiel bei Damm II. Sieg für Wutzetz' Team durch 4 Tore (davon eines vom Elfmeterpunkt) zu 3. Das Durchschnittsalter der 345 Gefangenen beträgt 1940 etwa 31 Jahre."[36]

„DONNERSTAG, 18. SEPTEMBER 1941: Damm I ist immer noch irischen Gefangenen zugeordnet. Die Deutschen überschütten sie mit Aufmerksamkeit: wenig Arbeit, Kantine, Bier, Kino, Messe, Radio, Fußball; Diese Propaganda soll die Iren von England trennen. Zum größten Teil lassen sie sich herab, diese Vorzugsbehandlung zu akzeptieren, bleiben aber dennoch treue und loyale Untertanen Ihrer Majestät."[37]

„FREITAG, 28. NOVEMBER 1941: Der Fußball-Nationalspieler Courtois wurde als krank freigelassen. Sobald er nach Frankreich zurückgekehrt ist, wetteifern die Vereine um den Beitritt dieses Athleten für die nächste Saison."[38]

Frémaux erwähnt etwas resigniert an einer anderen Stelle zu dieser Entlassung: „Nichts sollte sich ändern, und viele vorzeitige Entlassungen geschehen aus identischen Gründen: im Fall von Courtois: Fußballspieler, Petra: Champion auf dem Tennisplatz, Vittevronghel: Basketballspieler, Rigoulot: Gewichtheber."[39]

Den Gefangenen schien eine bevorzugte Behandlung anderer Gefangener nicht verborgen geblieben zu sein. Courtois spielte nach seiner Entlassung aus der Kriegsgefangenschaft während des Krieges weiter beim FC Lausanne in der

---

36 Ebd., S. 224.
37 Ebd., S. 298f. Frémaux spielt hier auf eine besondere Abteilung an, die kurzzeitig in Damm und Wutzetz untergebracht war. Sie sollten zu kollaborierenden Einheiten gegen die Briten gewonnen werden und hatten daher häufig eine Vorzugsbehandlung. Ähnliche Versuche gab es auch in anderen Lagern mit ukrainischen und russischen Kriegsgefangenen. Vgl. O`Reilly, Terence: Hitler`s Irishmen. Cork 2008 sowie Theilig, Stephan: „Die Schulungslager des Reichsministeriums für die besetzten Ostgebiete im Rhinluch." In: Archäologie in Berlin und Brandenburg: 2018. Stuttgart 2020, S. 124-125.
38 Frémaux, S. 335.
39 Frémaux, S. 207, Anm. 56.

Schweiz, bis er nach dem Krieg wieder nach Frankreich wechselte und seine Profikarriere fortsetzte.

„SONNTAG, 19. APRIL 1942: Fußballspiel. Sieg für Damm II über das Friesack-Kommandoteam mit 7 Toren zu 0. Gefangene aus verschiedenen Kommandos können sich nur außerhalb ihrer eigenen Lager treffen. Es ist uns daher unmöglich, mit unseren Kameraden aus Friesack ein Basketballspiel im Lager abzuschließen."[40]

Dies ist das letzte Spiel, das Frémaux dort erlebt, da er am 10. Mai 1942 wieder nach Luckenwalde in das Stalag III A zurückkehrte. Die von ihm erwähnten Spiele fanden häufig auf dem Platz von Damm II statt. Nur dieses ehemalige Lager des Reichsarbeitsdienstes verfügte über einen eigenen Sportplatz, der auf Lagerplänen und einem Foto überliefert ist. Ursprünglich war er an einer anderen Stelle des Lagers geplant gewesen.

---

40 Ebd., S. 457.

Roger Frémaux in Luckenwalde

Zurückgekehrt in Luckenwalde berichtet Frémaux weiter von den sportlichen Veranstaltungen im Stammlager. Zu Pfingsten finden, wie in der Lagerzeitung ebenso erwähnt, zahlreiche Gottesdienste und auch Kommunionen statt. Aber neben diesen und einem symphonischen Konzert, durfte auch der Fußball nicht fehlen:

„SONNTAG, 24. MAI 1942 – Pfingsten: Feierliche Messe, mit Sinfonieorchester, Harmonium und Chor. Der Saal ist voll. Es wird für Unterstützung gesammelt. Viele Kommunionen. Nachmittags im Stadion Fußballspiel zwischen den Mannschaften vom Stalag und Luckenwalde."[41]

Im Gegensatz zur umfangreichen Berichterstattung in der Lagerzeitung, berichtet Frémaux vom „Festival der Regionen" am 4. und 5. Juli 1942 eher knapp:

„SAMSTAG, 4. SONNTAG, 5. JULI 1942: Leichtathletik - Fußball. Konzert. Revue. Festival der französischen Provinzen. Folklore-Tänze. Auch Sketche, sehr gewöhnlich für meinen Geschmack."[42]

„SONNTAG, 2. AUGUST 1942: Fußballspiel zwischen Franzosen und Serben. Brutalität. Das Spiel artet in einen Boxkampf aus, der Schiedsrichter stoppt das Spiel mit Bedacht."[43]

Weitere Berichte über Fußball fehlen. Im Mittelpunkt seiner Erzählungen sind die Tristesse des Alltags und der Gefangenschaft. Frémaux erlebt das Ende des Krieges in Luckenwalde. Dort wurde er Zeuge der wohl letzten Fußballspiele im Lager

---

41 Ebd., S. 468. Hierzu auch Le III A.
42 Ebd., S. 489. Am Folgetag wird Frémaux in das sogenannte Waldkommando versetzt.
43 Ebd., S. 496.

während des Krieges, die trotzt zunehmender Luftalarme durchgeführt wurden. In seiner Erzählweise ist so etwas wie Hoffnung auf ein baldiges Ende des Krieges zu merken:

„SONNTAG, 18. MÄRZ 1945: 11 Uhr, Alarm. 20:30 Uhr, Alarm. Sportveranstaltungen, organisiert von den Iren zu Ehren des St. Patrick's Day. Sieg der Briten im Rugby (20 zu 5) und im Fußball (5 zu 1)."[44]

„SAMSTAG, 31.MÄRZ 1945: 9:30 Uhr Alarm. Ostern 1945. Wind und Regen. Im Fußball schafft es die STALAG-Mannschaft, die irische Mannschaft um 3 Tore auf 0 zu schlagen. Bestürzung im britischen Lager. Englisches Fairplay und Disziplin haben einen überbewerteten Ruf. Sie existieren nur an der Oberfläche. Trotz unseres Rufs als Chauvinisten sind wir die einzigen, die unsere Teams nicht anfeuern. Das britische Publikum ist da viel unruhiger. Sie schreien ihre Spieler nach vorn, mit Sprechchören: „Nun geht vorwärts R.A.F" „90 in den Angriff! Schön! Schneller!" Ihre Art zu Klatschen ist es zu Schreien und zu Pfeifen."[45]

Drei Wochen später wurde das Stalag III A in Luckenwalde am 22. April 1945 befreit.

---

44 Ebd., S. 894.
45 Ebd., S. 902.

Epilog

(Christophe Woehrle)

Als die Familie nach dem Tode eines ehemaligen französischen Kriegsgefangenen die Bilder der Gefangenschaft entdecken, sind sie sehr überrascht. Hier ein Bild des Großvaters beim Fußball spielen, da eine andere, die den Vater beim Theater spielen zeigt. Es ist irritierend zu denken, dass während der Gefangenschaft in Deutschland unter der Autorität eines strengen Regimes, der Kriegsgefangene im Lager auf einer Bühne im Rock erscheint. Hinter dem Bild ein Stempel vom Stalag ... Schwierig zu denken, dass der Mann, der von seiner Familie so lange ferngehalten wurde, der seine Kinder so lange nicht gesehen hat, hier auf dem Bild Fußball oder Tennis spielt. So ist es nicht überraschend, dass auch die Schüler und Autoren sich Fragen stellen und den Willen haben zu verstehen. Und sie haben gearbeitet, objektiv und ohne Voreingenommenheit.

Die französischen Kriegsgefangenen wurden sehr spät von der Historiographie untersucht und erst in Frankreich mit Gascars Arbeit in den 1960er Jahren in einem Buch erwähnt. In den 1980er Jahren arbeitete der Historiker Yves Durand über die Gefangenschaft und die Fremdarbeiter im Deutschen Reich - immerhin erst 40 Jahre nach Kriegsende! Die nationale Erinnerung liess in Frankreich keinen Platz für die „Verlierer" und nur die Widerstandskämpfer wurden als Helden gefeiert. Die Shoa und die Massenvernichtung der Juden sollten dann den Rest der Historiographie im Rahmen der Nürnberger Prozesse beschäftigen.

Die Kriegsgefangenen selbst wollten nur noch nach vorn blicken und die fünf Jahre von zu Hause entfernt aus ihrem Gedächtnis verdrängen. Sie waren nicht die Helden von 1914 und die Bataille de France hatte in ihrer Erinnerung eine schmerzliche Wunde hinterlassen. Ihre Arbeit in der deutschen Reichswirtschaft und ihre Lage in den deutschen Lagern sollte ihr Bild bei den zurückgebliebenen Franzosen, die für ihre Freiheit täglich kämpften, nicht verbessern. Sie waren das „Werkzeug des Vichy Regimes", um die französische Politik der Kollaboration zu ermöglichen.

Fliehen konnte jedoch schlimme Folgen haben und nur wenige haben sich dies getraut. Kaum 40 000 Flüchtlingsmedaillen wurden nach dem Krieg verteilt - von insgesamt fast zwei Millionen französischen Kriegsgefangenen. Nach der Rückkehr erscheinen gleich die ersten Bilder des Unfassbaren, die Vernichtung der Juden, die Shoa. Wie konnten sich die Kriegsgefangenen da über die Umstände ihrer Gefangenschaft beschweren, wenn so viele Menschen ausgerottet wurden. Sie haben gelitten aber sie können, bzw. sie wollen nicht darüber sprechen, von Angst verspottet zu werden. Sind sie nicht nach Hause im relativen guten Zustand und mit Bildern von Fußball und Theater in den Lagern im Koffer zurückgekommen? Viele haben von ihnen haben sich entschieden, in Vergessenheit zu geraten und nur in die Zukunft zu blicken. Inzwischen sind Jahrzehnte vergangen, die letzten Kriegsgefangenen sterben. Es ist aber auch die Zeit gekommen, dass die Forschung endlich den Blick auf ihre Geschichte richtet.

Die Forschungen in Deutschland und in Frankreich, über die Gefangenschaft und auch über die Freizeit in den deutschen Kriegsgefangenen Lagern haben sich vermehrt. Die Wissenschaft vertieft die Kenntnisse über die Lebensbedingungen und die Folgen ihrer Arbeit auf die deutsche Reichswirtschaft während des Zweiten Weltkriegs.

Die Schüler, und gleichsam Autoren, die an diesem Thema gearbeitet haben, ermöglichen den interessierten Blick auf einen Sport, der heute ein Massenphänomen ist, der Menschen bewegt und für welchen mehrere Millionen Euro jedes Jahr ausgegeben werden. Damals, im Lager, war er dagegen ein Mittel für kurze Zeit der Gefangenschaft zu entfliehen, ein Mittel gegen den Freiheitsentzug, der auch die stärksten Köpfe verwüstete.

Fußball in Gefangenschaft –

Football en captivité

(Version française)

Avant-propos

La présente publication est le fruit d'un projet de recherches entrepris dans le cadre d'un concours d'histoire du président allemand nommé : « *Geschichtswettbewerbs des Bundespräsidenten* » en 2021. Des élèves de lycée ont été invités à travailler sur le thème du sport comme vecteur d'unité au niveau régional. Des bacheliers de l'Oberbarnimschule d'Eberswalde et de l'école évangélique de Neuruppin ont choisi de traiter le sujet du sport chez les prisonniers de guerre français dans le Brandebourg lors de la Seconde Guerre mondiale. Le travail a été supervisé et accompagné par leurs professeurs.[46] Dès le départ, il s'est avéré que le sujet du sport dans la captivité a été traité à la marge de l'historiographie de la Seconde Guerre mondiale, dont les élèves pensaient que toutes les horreurs et les moindres détails avaient été étudiés.

Le destin des millions de prisonniers de guerre soviétiques a été analysé par différentes branches universitaires et la documentation sur le sujet est abondante. Les travaux d'Uwe Mai ont apportés des éléments importants sur la connaissance de la captivité dans le Brandebourg.[47] Au centre de son étude, le camp de prisonniers de guerre (Stalag) III A situé à Luckenwalde. Il s'agit du plus grand camp de prisonniers de guerre de la Seconde Guerre mondiale dans la région. La question du sport et du football n'est pratiquement pas abordée. Par hasard, les élèves ont découvert une photographie d'une équipe de football, visiblement composée de captifs français, au camp de Luckenwalde. Pour les jeunes étudiants, cette image différait de l'idée qu'ils se faisaient de la captivité derrière les barbelés. Le travail préparatoire a permis de récolter de nombreux éléments individuels ayant trait au thème. Les familles des prisonniers conservent de nombreux documents photographiques de la période, des professeurs apportent des éléments factuels sur la captivité et particulièrement sur ceux qui ont travaillé dans l'agriculture et dans

---

46 Le projet a été récompensé du Premier Prix au niveau régional et a obtenu une seconde place au niveau national.

47 Mai, Uwe: Kriegsgefangen in Brandenburg. Stalag III A in Luckenwalde 1939-1945. Berlin 1999; Mai, Uwe: Stalag III A Luckenwalde 1939-1945. Luckenwalde 1999.

les environs. Tous ces éléments ont permis aux étudiants de dégager un fil directeur de leur recherche et une problématique : Comment le sport, les loisirs et même l'amusement, dont le football est une expression, pouvaient trouver leur place dans un environnement aussi tragique qu'est la captivité lors de la Seconde Guerre mondiale ? Comment le sport s'intégrait dans le quotidien des captifs ? Où, quand et pour qui le football a-t-il joué un rôle important et quel signification a-t-il pour l'individu et le groupe ? Pour répondre à cette problématique et son contexte, les élèves n'ont trouvé que peu de littérature secondaire allemande et d'études nationales sur le sujet. Côté Français les choses n'étaient pas plus engagées et les recherches sur le thème plutôt rares. Ce n'est qu'en 1967, que l'historien Pierre Gascar s'intéresse exclusivement aux prisonniers de guerre, en 2019 ont été publiés les travaux de Christophe Woehrle sur le même thème.[48] Ceci s'explique par le fait que l'historiographie française s'est focalisée sur les questions liées à la Shoah ou encore aux héros de la Résistance. Pour les « perdants » de 1940, la mémoire nationale n'avait pas de considération. Il existe pourtant une littérature secondaire basée sur le témoignage individuel qui laisse entrevoir un intérêt pour le sujet.[49] On notera le journal intime de Jean Frémaux, lequel a été analysé, contextualisé et édité par Benoit Hamelin.[50] Afin de pouvoir se concentrer sur la question du football en captivité dans le Brandebourg, les élèves ont pu s'appuyer sur la thèse de Doriane Gomet qui traite le theme du sport chez les prisonniers de guerre français durant leur captivité en Allemagne.[51] La totalité des journaux du camp du Stalag III A conservés, les archives de la Croix Rouge Internationale ont permis de mesurer la

---

48 Gascar, Pierre: Histoire de la captivité des Français en Allemagne. Pairs 1967; Woehrle, Christophe: Prisonniers de guerre dans l'industrie de guerre allemande. Beaumontois-en-Périgord 2019.

49 Starck, José: Synthese – Captives des Guerre en Brandenbourg. Manuskript 2017; Starck, José / Guérard, Lucien: Villages oubliés de l`Allemagne orientale. Lille 2018.

50 On peut consulter le journal intime de Jean Frémaux et le projet à l'adresse https://www.ormuteditions.com On notera également le travail Graphic Novel de Florent Silloray, Sur les traces de Roger, Berlin, 2013.

51 Gomet, Doriane: Sports et pratiques corporelles chez les déportes, prisonniers de guerre et requis français en Allemagne durant la seconde guerre mondiale (1940-1945). Dissertation vorgelegt an der Philosophisch-Historischen Fakultät der Universität Stuttgart 2012.

complexité de la recherche. Le musée de Luckenwalde et son directeur Roman Schmidt a fourni des documents qui ont permis de connaître plus précisément les caractéristiques de ce camp.

Plus tard, les échanges avec un groupe Facebook dédié au « Stalag III A (3a) Luckenwalde » et son administrateur Frédéric Rohel, ont permis de récupérer de nombreux éléments matériels qui ont donnés une image vivante de l'histoire du camp. De nombreuses informations sur les camps annexes et les détachements de travail nous ont été fournis par l'historien local Sven Leist qui nous a fait visiter les emplacements des camps de Damm et Wutzetz. Nous avons pu compter sur le soutien de Danish Puthan-Valivandi qui a œuvré pour les questions de vidéo-documentations et Manel Hammache qui nous a apportée ses compétences de traducteur.

Nous souhaitons sincèrement que la lecture de notre travail portant sur une période sombre de l'histoire de notre région permette d'éveiller de nouvelles interrogations et investigations pour que vive la mémoire et qu'elle se transmette aux générations futures.

Les auteurs et éditeurs du projet

La Bataille de France

Le 3 septembre 1939, la France et l'Angleterre déclarent la guerre au Reich allemand après que ce dernier a envahi la Pologne, deux jours plus tôt, et déclenché la Seconde Guerre mondiale. Aux frontière de la France c'est le calme complet, seules quelques escarmouches animent le front de l'ouest, c'est la période de la « drôle de guerre ». Les premiers mois de conflit sont rythmés par des actions de propagandes de la part des deux camps. Plus de 29 fois, les stratèges allemands ont repoussé les plans d'attaque de la France. Subitement, le 10 mai 1940, les troupes allemandes attaquent les positions françaises. L'aviation allemande est si efficace qu'elle cloue au sol les avions français. Par la suite, les troupes terrestres du groupement B, comme l'avaient prévu les alliés, attaquent par le nord selon le plan « Schlieffen ».

Un peu plus au sud, des éléments du groupe C attaquent les fortifications de la ligne Maginot. Enfin, le dispositif est complété par une attaque de blindés du groupe A qui traversent les Ardennes. Churchill désigne cette opération comme « un coup de faucille ». Les forces alliées sont prises en tenaille à Dunkerque et tentent de s'échapper par la mer pour rejoindre l'Angleterre. Pendant ce temps, les troupes se lancent en direction de la Suisse afin de prendre les soldats français à revers. Le 14 Juin 1940, Paris tombe aux mains des armées allemandes.[52]

Le 22 juin 1940, l'armistice est signé dans le bois de Compiègne par Keitel et Huntzinger, à l'endroit même où la capitulation allemande fut signée en 1918.

Peu de temps avant l'invasion allemande, la France avait tenté en vain de faire entrer les Etats-Unis dans le conflit. Le lendemain de l'entrée des troupes, Adolf Hitler joue les touristes conquérants à Paris. Les images du Führer dominant Paris depuis la Tour Eiffel et le succès de sa stratégie de la « guerre éclair » lui confèrent en Allemagne le point culminant de sa popularité.

---

52 Neugebauer, Karl-Volker (Hrsg.): Grundkurs deutsche Militärgeschichte. Band 2: Das Zeitalter der Weltkriege 1914 bis 1945 – Völker in Waffen. München 2007, S. 366ff. Hierzu auch Der Zweite Weltkrieg. Von München bis Moskau, Band 1. Stuttgart, Zürich, Wien 1989, S. 65-148.

La propagande cache les chiffres réels des coûts humains de l'opération et on compte 92 000 morts parmi les soldats français alors que l'offensive a également coûté la vie à 27 000 soldats, 200 000 Français et 111 000 Allemands sont blessés. 1.8 million de soldats français sont faits prisonniers par les Allemands.

La captivité dans la région du Brandebourg –
le Stalag III A et ses détachements

Les convois dans les 28 camps pour officiers (Oflag) et 69 camps pour hommes du rang (Stalag) répartis dans les dix régions militaires du Reich, déversent 1.580.000 prisonniers de guerre français sur le territoire allemand. Pour la France, cela représente 10% des adultes de la société masculine, ce qui a un impact important sur la production agricole et industrielle du pays. En Allemagne, 95% des captifs français sont répartis dans 82 000 détachements de travail, plus ou moins importants, au service de l'agriculture, de l'industrie ou de l'artisanat. Ces détachements, sous l'autorité du Stalag, sont autonomes et il existe même des bataillons volants qui se déplacent au gré des besoins.[53]

A Luckenwalde, au sud de Berlin, se trouve le camp principal III A, le plus important en capacité d'accueil de la troisième région militaire. A l'été 1940, ce camp accueille les 40 000 premiers prisonniers de guerre français de la région. Ils représentent le plus grand groupe de captifs jusqu'à la fin de la guerre. Au sein même du camp on trouve une annexe du bureau de l'emploi auquel les employeurs peuvent adresser directement leurs besoins en main-d'œuvre. Le départ des jeunes allemands vers les fronts a laissé vacant plus de 410 000 postes de travail dans le Brandebourg lors du conflit.[54] Ceci explique qu'au 14 avril 1941 le camp ne compte que 4185 prisonniers alors que les détachements de travail rassemblent quelques 35472 captifs. Les listes des différents détachements de travail conservées aux archives des Victimes des Conflits Contemporains de Caen font été de plus de 700 détachements de travail dépendants du Stalag III A. Certains comptent un nombre

---

53 Vgl. Starck, Guérard 2018 sowie Overmans, Rüdiger: Die Kriegsgefangenenpolitik des Deutschen Reiches 1939 bis 1945. In: Die Deutsche Kriegsgesellschaft 1939–1945. Band 9, Zweiter Halbband: Ausbeutung, Deutungen, Ausgrenzung. (= Das Deutsche Reich und der Zweite Weltkrieg. Band 9/1–2). Im Auftrag des Militärgeschichtlichen Forschungsamtes herausgegeben von Jörg Echternkamp. München 2005, S. 729–875.
54 Hahn, Peter-Michael: Geschichte Brandenburgs. München 2009, S. 97.

restreint d'hommes, parfois un seul, d'autres peuvent en compter plusieurs centaines.[55]

En tout le camp principal du Stalag III A a abrité près de 200.000 prisonniers de guerre issus de 10 nationalités. Les camps et les détachements sont placés sous la protection des conventions de La Hague et de celles de Genève. Cette protection permet aux prisonniers d'exercer leurs droits parmi lesquels celui d'envoyer du courrier et de recevoir des colis de leurs familles. Le tout, sous la surveillance de la Croix Rouge Internationale. Ce droit est refusé aux soviétiques dont les autorités n'ont pas ratifié les conventions. Cyniquement, les autorités militaires allemandes prennent ce prétexte pour ne pas accorder aux Russes le statut de prisonniers de guerre.[56] Ceci explique sans doute l'hécatombe parmi les prisonniers soviétiques lors de l'épidémie de typhus entre le 11 février et le 16 mars 1942.

Trois camps annexes d'importances sont situés dans l'actuelle région de Havelland bei Friesack à la frontière avec l'arrondissement d'Ostprignitz-Ruppin. Ces camps annexes portent le nom de Damm I, Damm II et Wutzetz. Ils servent dès 1933 à l'accueil des jeunes allemands soumis au travail pour le Reich. Les travaux consistaient à l'assèchement de zones humides pour la construction de voies d'accès à des colonies. Dès le début de la guerre, les infrastructures sont dédiées à l'internement des prisonniers de guerre serbes, italiens, soviétiques, polonais, irlandais ou français. Les prisonniers sont logés dans des baraques, simples et fonctionnelles, selon les témoignages des prisonniers. Il est possible que les captifs ne veuillent pas inquiéter leurs familles en écrivant cela. Les rapports font état à Damm I de la présence de trois baraques logement, deux baraques administratives et d'une cantine. Cette dernière sert également de lieu de rassemblement. Il semble que les prisonniers étaient en bonne santé et le camp ne compte qu'un seul décès parmi les captifs.[57] En ce qui concerne la nourriture, un témoignage précise que les

---

55 Eine Übersicht über die im Archives des Victimes des Conflits Contemporains (DAVCC) in Caen aufgeführten Arbeitskommandos wurde uns freundlicherweise von Frédéric Rohel zur Verfügung gestellt.

56 Siehe Mai 1999.

57 Leist, Sven: Das Lager in Damm. RAD / Stalag / Oflag ... und auch ein geheimes Agentenlager. In: Friesacker Quitzow Kurier, Nr. 48 2013, S. 3.

prisonniers recevaient un petit-déjeuner, un repas de midi et du soir. Parfois, on sert aux prisonniers une sorte de goûter dans l'après-midi. Toutefois, la variété de la nourriture n'est pas au rendez-vous.

On peut dire que les conditions de détention n'étaient pas égales au niveau régional. Des témoignages montrent que des prisonniers de guerre travaillant dans un abattoir étaient mieux nourris que la population locale, alors qu'ailleurs certains captifs ne percevaient pas le minimum pour survivre. Il arrivait aussi que la nourriture soit une monnaie d'échange et on prive les prisonniers lorsque leur travail est jugé insuffisant. Ainsi, les travailleurs assignés à des travaux difficiles peuvent toucher le double d'une ration d'un travailleur ordinaire. Des témoignages font également état d'un marché noir à l'intérieur du camp, ce dernier permet de se procurer des produits de luxe et d'améliorer son quotidien par l'apport de nourriture.

A partir de 1943, la répression contre ce genre d'écarts se fait de plus en plus forte et le comité international de la Croix-Rouge impose l'amélioration des conditions de vie et de travail des prisonniers de guerre. Afin d'améliorer les rendements et le moral des prisonniers, la pression psychologique se fait moins forte et les autorités militaires allemandes permettent la mise en œuvre de moments de loisirs surveillés. Les prisonniers de guerre français de Luckenwalde peuvent aller au cinéma ou au théâtre, faire du sport et jouer au football, entre autres. On met des terrains de football à disposition des camps. Dans les camps annexes de Damm I, Damm II et Wutzetz les prisonniers de guerre peuvent librement choisir leurs activités lors des temps libres. Le sport et particulièrement le football étaient un des passe-temps favoris.

Le football au Stalag III A

A partir de 1941 les conditions de captivité des prisonniers de guerre français évoluent. Cette période correspond à l'apparition dans les rapports de visite du camp par les émissaires de la Croix-Rouge internationale de l'évocation d'activités sportives organisées au sein du Stalag III A, dont le football. Dans son rapport du 17 juillet 1941 est écrit : « un beau terrain de sport avec différents agrès et une piste d'athlétisme qui permettent également l'activité de football. Nous demandons des balles pour les détachements. » [58]

Avec des arguments comme l'entretien de leur condition physique et psychique les prisonniers de guerre français obtiennent des conditions de loisirs plus avantageuses que celles des soviétiques et les prisonniers français peuvent se rassembler en équipes et organiser des rencontres. René Chauveau témoigne :

« D'un point de vue sportif bien que la plupart de mes camarades n'aient jamais pratiqué, je parvins à monter une équipe de football et il nous fut possible de jouer contre des kommandos voisins, et malgré les interdictions contre des équipes de prisonniers étrangers et même Allemands, les matches étaient parfois interrompus par des policiers.»[59]

L'occupation principale des captifs reste avant tout leur travail et le football ne peut se pratiquer que le dimanche, comme l'indique le témoignage de Pierre Maxime Louquet : «de dimanche après-midi: match de foot-ball [sic!] entre nous et entre équipes de kommando voisins. »[60] Lors des temps libre se pratiquent d'autres activités comme la boxe, le volleyball, le tennis de table ou encore le rugby. La Croix Rouge procure les accessoires nécessaires aux jeux de ballon. Un rapport de la Croix-Rouge du 1er juillet 1942 est très précis sur le type de matériel fourni :

---

58 IKRK, 17.7.1941.

59 René Chauveau, geb. 4.4.1913, geriet am 17.5.1940 in Gefangenschaft und kam nach Luckenwalde. Zeitzeugenbericht von Chauveau, S. 4.

60 Pierre Maxime Louquet, geb. 3.9.1913, geriet am 23.6.1940 bei Nancy in Gefangenschaft und kam nach Luckenwalde. Zeitzeugenbericht von Louquet, S. 5.

« Dents et matériel de prothèses dentaires, Ballons de foot-ball et ballons de rugby, Equipment de sport pour l'équipe de foot-ball, Balles de ping-pong». [61]

Au début de la captivité, les rares moments de loisirs font place à l'improvisation et le football est déjà pratiqué dans d'autres camps : «Des bois de football ont été dressés sur le terrain des sports. Les hommes jouaient. C'est-à-dire que vingt-deux hommes en pantalon de treillis, le torse nu jouaient au ballon, regardés par sept ou huit milliers de leurs camarades »[62] On constate que le football s'impose rapidement comme une des activités favorite car ce sport est populaire aussi bien en France qu'en Allemagne. Le matériel nécessaire n'est pas énorme, une seule balle suffit et un terrain adapté semble facile à trouver. Le football attire aussi les spectateurs, encore de nos jours. L'attrait du ballon rond est total que ce soit pour les joueurs ou les spectateurs.

La majeure partie des témoignages à propos de matchs de football au camp de Luckenwald se concentrent dans les années 1942/43. Le journal de camp, « le III A » rapporte les activités sportives et les résultats, le football y occupe une place importante. On y trouve les comptes rendus des rencontres, les classements et des reportages sur les « stars » des équipes. Parfois même des photographies illustrent les articles. Un des rédacteurs sportifs est Louis Follio. Il n'est pas seulement un grand amateur de foot, il arbitre de nombreuses rencontres avant d'en rapporter les éléments dans le journal.

Si au départ les rencontres sont imprévues, au fil du temps c'est une organisation digne de la ligue professionnelle de football qui se met en place dans les camps, puis dans les détachements, allant jusqu'à organiser des rencontres entre eux. Le match d'ouverture de la saison est remporté le 10 mai 1942 par l'équipe « CSS III A » du Stalag III A contre l'équipe du « AK[63] 483 C de Ludwigsfelde » par trois buts à zéro.[64] Le match retour a lieu une semaine plus tard à Ludwigsfelde et les articles parus par la suite montrent à quel point le sport agit sur le quotidien et le

---

61   IKRK, 01.07.1942.
62   Claude Jamet, nach: Gomet 2012, Bd. 1, S. 132.
63   Arbeitskommando = AK, détachement de travail.
64   Le III A, Juli 1942.

moral des captifs. « La joie se lisait sur tous les visages, heureux de s'éloigner des barbelés. Après un court voyage nous descendions à la gare de Ludwigsfelde, là nous attendaient le Kdo-Führer et plusieurs camarades »[65]. Le match est remporté par Ludwigsfelde de manière magistrale selon Folliot. Les équipes devaient se rencontrer plusieurs fois par la suite, « et ainsi dans une franche atmosphère de camaraderie se termina cette journée ou dans le sport, nous avons oublié quelques heures notre captivité»[66] Lors des saisons suivantes plusieurs équipes voient le jour dans le camp et aux détachements, voyant l'émergence d'équipes premières et de réserves : CCS III A, 483 C Ludwigsfelde, 941 D Teltow, 726 C Luckenwalde, 416 E Jüterbog sowie 952 C Oranienburg.[67] A l'été 42 on organise même une poule régionale. La finale disputée le 4 juillet 1942 oppose Paris au Nord et se termine sur le score final de 7-4 pour Paris. La coupe des camps revient en 1942 à l'équipe du 726C de Luckenwalde et la seconde division est remportée par l'équipe de réserve du CSS III A.

En février 1943, le responsable de l'activité sportive, Seiler, va jusqu'à remettre des coupes et des diplômes aux sportifs à l'occasion d'une cérémonie officielle. Ils immortalisent le moment par une photographie de l'équipe de réserve brandissant sa coupe. Lors de la cérémonie il apparait que les activités autorisées découlent de la bonne volonté des autorités allemandes et Seiler remercie vivement les acteurs : « Le moniteur Seiler remercia les Autorités Allemandes d'avoir facilité au mieux les rencontres et le déplacement des équipes. Il rend hommage à la bonne tenue et à l'esprit d'équipe des joueurs et félicita particuliérement Bonini, Capitaine de l'équipe I de Luckenwalde.»[68] L'homme de confiance Roger Montagne prononce un discours dans lequel il remercie vivement les autorités du camp et ses camarades : « Roger Montagne […] ne veut pas l'occasion d'exprimer à Mr. Le Capitaine Desouches la profonde satisfaction qu'éprouvent les présents de l'honneur qu'il leur fait en assistant à cette cérémonie, malgré sa tâche écrasante […] tout entiére au

---

65 Le III A, 1.8.1942.
66 Ebd.
67 Le III A, Oktober 1942.
68 Le III A, März 1943.

service des prisonniers. Il remercie Mr. le Sonderführer et Mr. le sous-officier Wüstenhöffer pour la parfaite compréhension dont ils ont fait preuve et pour l'appui qu'ils ont donné aux sportifs lors de l'organisation des recontres au Stalag et dans les kommandos. Soulignant les efforts des moniteurs, il magnifie leur tâche qui est d'arracher leurs Camarades à l'inaction totale et à l'atmosphère déprimante d'une baraque après un travail souvent pénible à l'atelier ou à l'usine, pour les placer dans une ambiance saine, forte et virile, faite de fraternité et de Camaraderie.»[69]

Toujours en 1943, le journal du camp va jusqu'à publier un article invitant d'autres équipes à venir se mesurer à l'équipe phare lors d'un tournoi :

«Grande premier, au terrain du Camp, ce dimanche 4 avril. Sélection en foot-ball, le Camp contre son reste, ou Probables contre Possible. Bon terrain, bonne balle, ambiance favorable, entrée gratuite. Mais le soleil boude. Coup d'envoi à 2 heures ¼. [...] Le match débute avec ¾ d'heure de retard seulement; c'est peu, si vous songez qu'on a l'avenir devant soi. Et on ne peut même pas cire „Remboursez" sur l'air des lampios: on n'a pas payé. [...] Programme très chargé cette saison: en voici un aperçu – Théâtre contre Musique; Sanitaires contre Ordonnances; Toubibs contre réformés; Cordonnieres contre Tailleurs; Buxen Kdo. Contre Muxen Kdo.; Abwehr contre Cèlibataires; Pères de 3 contre pères de 2; Jardîniers du 334 contre Corvée de „vendage"; Chefs de baraque contre Interprètes etc. »[70]

Si tout s'est passé comme prévu, ce n'est pas documenté. Les écrits de Roger Frémaux dans son journal intime laissent apparaître que de telles actions ont eu lieu avant celle du III A et il relate le 2 novembre : « Match de football homérique entre l'équipe du Wald-Kommando et celle de la Musique et du Théâtre. Nous gagnons péniblement par 3 buts à 2, et terminons la partie complètement à bout de souffle. »[71]

Après 1943, comparé à l'année précédente, le football et le sport en général semblent prendre moins de place dans le quotidien des prisonniers. La cause en étant sans doute l'évolution du conflit et doit rappeler aux prisonniers de guerre

---

69 Le III A, März 1943.
70 Le III A, April/Mai 1943.
71 Frémaux, S. 519f.

français, qu'ils sont toujours captifs de l'Allemagne. L'importance et les bienfaits du football et du sport ne doivent pas être minimisés dans cette période difficile. Par l'activité sportive les captifs s'évadaient le temps d'un instant de leur situation, même s'ils n'étaient que spectateur d'un match. Les rencontres attirent les badauds et chacun reconnait dans les sports collectifs le besoin d'unité comme en témoigne ce prisonnier de guerre : « Le sport dans les camps ne se limite pas au football mais c'est le seul qui, avec le rugby, beaucoup moins pratiqué, constitue, compte tenu du public qu'il attire, la plus importante distraction collective. »[72]

Dans ces études, Doriane Gomet a travaillé sur les Stalags V A et VI J et elle a pu se rendre compte que le football restait l'activité favorite des prisonniers de guerre français en Allemagne.

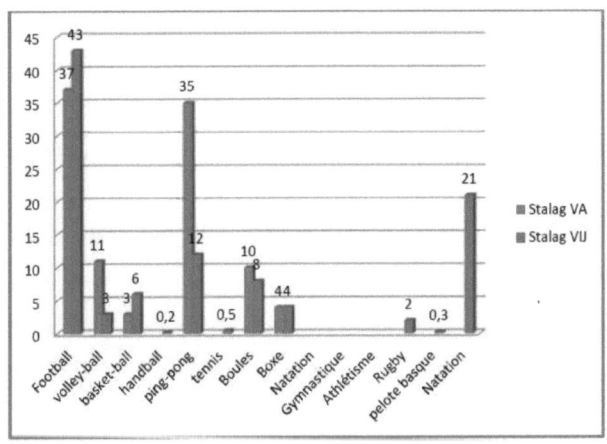

Sports préférés aux Stalags VA et VIJ.[73]

La joie est profonde de pouvoir pratiquer un sport, le ressenti n'est pas neutre auprès des prisonniers de guerre et le témoignage de Louis Althuser montre à quel point la pratique d'une activité sportive était salvatrice. Ce footballeur hors pair n'hésitait pas à rapporter dans ses courriers à sa famille ses exploits sur le terrain

72 Pierre Gascard, nach: Gomet 2012, Bd. 1, S. 23.
73 Gomet 2012, Bd. 2, S. 514.

auxquels il apportait la plus grande valeur : « « Je vous écris en ce premier dimanche de septembre plein de soleil, de pluie et de nuages. Au terme d'un sixième tournoi de football, sur lequel le Stalag a passé 24 heures elimine tous les problèmes de douleur et d'inquiétude. Six équipes se sont présentées hier après-midi et aujourd'hui ; nous avons notre premier match contre l'équipe de Cler de Channes a gagné. » [74]

De tels tournois n'étaient possibles qu'avec la présence d'un nombre suffisant de joueurs. Dans les détachements de travail, la situation était souvent compliquée. Le détachement de Jüteborg manque de joueurs en mai 1943 et le football n'emballait pas toujours les captifs. Si le football est peu pratiqué dans ce lieu, d'autres sports sont présents : « Ils disposent d'un grand terrain de football, et jouent également au handball et au volley ball; plusieurs d'entre eux font également de la gymnastique. »[75]

Pour les pratiquants, il s'agit avant tout de sortir du quotidien. Car au-delà de l'aspect bénéfique des activités sportives et culturelles, il ne faut pas oublier qu'ils étaient avant tout des prisonniers, retenus derrière des barbelés, condamnés à une peine dont ils ne connaissaient ni l'issue ni la durée. C'était l'occasion pour eux d'avoir un objectif, un but, de penser à autre chose, de s'échapper de leur quotidien, de leur travail et de leur vie entourée de murs et de barbelés. Pour les Français, ces instants étaient des moments de joie, pour leurs geôliers une occasion de montrer aux visiteurs de la Croix-Rouge leur côté « humain » et ils ne manquaient pas d'utiliser ces situations à des fins de propagande.

En dehors des terrains la situation est différente et on rappelle facilement aux captifs le but de leur présence et les conditions de leur captivité, vouée avant tout au travail. Si tout parait bénéfique en surface, les modalités pratiques de mises en œuvre des activités sportives subissent des contraintes qui doivent contribuer à éviter les émergences d'idées et de fraternité exacerbée. Par exemple, les rencontres

---

74 Ebd.
75 Gomet 2012, Bd. 2, S. 517.

entre différentes nationalités restent interdites et sont très rares et fortement surveillées.

Après 1944, la situation sur le front se durcit et la guerre finit par préoccuper la direction du camp au quotidien, les publications sportives dans le journal deviennent sporadiques. Si au printemps 1944, plus d'une centaines de rencontre ont lieu au III A de Luckenwalde, les choses se dégradent rapidement et la pratique du sport est de plus en plus compliqué, en témoigne la mise en place de tentes sur le terrain de football du camp. La délégation de la Croix-Rouge constate le phénomène et le regrette dans son rapport : « Ces nouvelles mesures sont d'autant plus à déplorer que c'est précisément maintenant la saison où le sport devrait battre son plein. » [76]

Si l'on s'en tient aux témoignages individuels si nombreux, le football continue à ravir les prisonniers et même s'il reprend une forme moins organisée, il reste le sport favori dans le camp, justement parce qu'il permet encore plus en ces temps difficiles, de s'évader pour un court instant des conditions de la captivité. Le football est un fabuleux espoir et ouvre des perspectives heureuses dans le marasme de la guerre et de leur quotidien, il évoque des souvenirs heureux quelle que soit la situation à laquelle ils sont confrontés dans le camp.

Nous avons beaucoup parlé du sport au sein du Stalag III A de Luckenwalde. Les situations étaient diverses et à l'image des petites structures régionales et des petits détachements de travail, nous allons tenter de comparer les situations au niveau local.

---

76 Ebd.

Le football dans les détachements du Stalag III A
à Damm I, II et Wutzetz

Le prisonnier de guerre Roger Frémaux est entré en captivité en mai 1940 avec son unité. Dès lors il entreprend de rédiger un journal intime que Benoit Hamelin a édité et mis à notre disposition. L'auteur commence son récit par l'évocation de son arrivée dans la région du nord de Berlin. Il écrit : « Conduit d'abord au Stalag III A à Luckenwalde, à 50 km S-SW de Berlin, je fis partie d'un convoi d'environ 300 captifs, dirigé dès le 10 juin 1940 à Friesack, petite ville située à 68 km au N-NW de Berlin, sur la ligne Berlin-Hambourg. Là, au camp de Damm I, puis de Damm II, le hasard et la chance me firent nommer chef de Compagnie, fonction à laquelle mes camarades ajoutèrent celle d'homme de confiance à partir du mois de septembre 1941. Après la dissolution du kommando, le 10 mai 1942, je retournai au Stalag où je m'efforçai de me maintenir, en occupant successivement les emplois de postier, bûcheron, agent de la circulation, pour finalement être catalogué *unwillig* (réfractaire). »[77]

Dans cette région particulière aux tourbières Havelluch et Rhinluch ont été érigés des camps du service du travail obligatoire allemand (Reichsarbeitsdienst) dès les années 1930. Les travaux des jeunes recrues allemandes consistaient à assécher les tourbières. Dès la déclaration de guerre, les bataillons de travailleurs sont dissous et les jeunes hommes incorporés dans l'armée. D'autres sont intégrés au bataillon de construction 207 de Bernau près de Berlin. La destination finale n'était autre que le front polonais. Peu de temps après le départ de ces hommes, le service des eaux à Neuruppin réclame au service de l'emploi régional la mise à disposition d'au-moins 5 000 prisonniers de guerre afin de continuer les travaux d'assèchement engagés, il s'agit alors de prisonniers de guerre polonais.[78] Les anciennes baraques sont assignées à la Wehrmacht afin d'être aménagés en détachements de travail pour

---

77 Frémaux, S. 19.
78 BLHA, Rep. 27C, Nr. 66, Schreiben vom 27.09.1939. Voir aussi le plan opérationnel dans un dessin cartographique, ebd. 6.10.1939.

prisonniers de guerre. En ce qui concerne les détachements de travail occupés par les Français, plus tard, et d'après le témoignage de Frémaux, d'autres détachements sont installés chez des privés ou dans la salle des fêtes du restaurant de Wutzetz.[79]

Frémaux est un excellent basketteur et pose avec son équipe sur quelques clichés. Sur la photo on peut voir que ses chaussures de sport se limitent à des sandales. Il témoigne dans ses récits à quel point le travail à Damm est harassant. Les travaux d'aménagements d'un canal occupent les captifs de 50 à 70 heures par semaine. Il est pourtant obligatoire selon les conventions de permettre aux prisonniers d'avoir du temps libre et la Croix-Rouge veille à l'application des règlements. La possibilité de pratiquer du sport, de se former ou de jouer aux cartes devait être permise aux captifs.

Afin de permettre les activités sportives des calendriers sont mis en œuvre à partir de fin 1941.[80] Tout est réglementé au camp, le travail mais aussi les activités de loisirs. La pratique du sport et des loisirs varient selon les bonnes dispositions de l'employeur ou des dirigeants des détachements. La Croix-Rouge organise la mise à disposition des articles de sport jusqu'aux simples balles de ping-pong ou de foot. Le peu d'équipements nécessaires à la pratique du football permettent sa grande popularité. La pratique de ce sport question également sur l'interaction de groupe avec la possibilité de se regrouper par affinités et de régler sur le terrain certaines rivalités exacerbées par la captivité.

Si l'on considère le temps travaillé, il devient évident que le temps consacré aux loisirs se résumait à peu de choses. Les possibilités de pratiquer un sport se limitent aux fins de semaines et pas nécessairement tous les dimanches. Jouer au football

---

79 Les incertitudes sur les lieux d'hébergements proviennent du fait que les témoins sont de plus en plus rares. Les recherches de l'historien local Sven Leist laissent entrevoir différentes hypothèses : jusqu'en août 1939 le camp sert au service du travail obligatoire allemand (Wutzetz, Damm I et II), à partir de septembre 1939 arrivent les PG polonais (au moins à Damm II), de juin 1940 à mai 1942 on trouve des PG Français à Damm II, du 14.8.1940 jusqu'en 1943 Damm I devient le Stalag XXA (301) appelé camp des Irlandais de Friesack, de septembre 1943 à 1945 présence de cu camp d'officiers Oflag 8 à Wutzetz, Damm II mais certainement aussi à Damm I)

80 A partir d'octobre 1941 de nombreux appels sont lancés dans le journal du III A pour trouver des coaches sportifs.

était uniquement possible dans les détachements de travail assez importants. La plupart du temps les rencontres sont improvisées, les rencontres comme les derbys ou les tournois sont bien plus rares. On parle plutôt de « jouer au ballon » que d'un match. Les rencontres organisées sont un privilège accordé par les Allemands aux Français. Si, à première vue, le sport occupe une place si réduite dans le quotidien des captifs, qu'est-ce que le football a apporté dans les camps et les détachements, particulièrement dans ceux de Damm I et II ?

Toujours selon Frémaux le sport a avant tout des vertus psychologiques. La psychose des barbelés est un phénomène récurent chez les prisonniers de guerre. La durée de leur internement n'est pas définie et ils n'ont aucune visibilité sur leur retour vers la France. Leur liberté est strictement réduite et sont prisonniers d'une inextricable situation. Le football devient alors une échappatoire à leurs difficiles conditions et leur vie de prisonniers. Ils ressentent un sentiment de liberté sur le terrain de football et ils s' « évadent » le temps d'une rencontre comme pour vivre un instant de normalité. La situation dans certains détachements est identique à celle du camp principal de Luckenwalde. La psychose des barbelés, la captivité sans limite de durée et sans but, comme dans le cas de Frémaux, est aggravée par le climat et la situation géographique de lieux tels que Havelluch et Rhinluch. C'est dans les récits de Frémaux que nous avons tenté de mesurer les bienfaits du football sur son état mental :

« DIMANCHE 16 MARS 1941 - Match de football à Wutzetz : victoire du Damm II sur le kommando de Wutzetz, par 4 buts à 1.»[81]

«DIMANCHE 23 MARS 1941 - Match de football au Damm II. Victoire de l'équipe de Wutzetz par 4 buts (dont un sur penalty) à 3. »[82]

---

81 Frémaux, S. 222.
82 Ebd., S. 224.

« JEUDI 18 SEPTEMBRE 1941 - Le Damm I est toujours affecté aux prisonniers Irlandais. Les Allemands les comblent d'attentions: peu de travail, cantine, bière, cinéma, messe, radio, football; cette propagande est destinée à séparer les Irlandais de l'Angleterre. Pour la plupart, ils condescendent à accepter ce traitement. »[83]

« VENDREDI 28 NOVEMBRE 1941 […] L'international de football, Courtois, a été libéré comme malade. À peine rentré en France, les clubs se disputent l'adhésion de cet athlète, en vue de la prochaine saison.»[84]

Frémaux évoque encore avec résignation cette libération :
« Rien ne devait changer, et beaucoup de libérations anticipées devaient avoir des raisons identiques : cas de Courtois: joueur de football - Petra: champion de tennis – Vittevronghel: joueur de basket - Rigoulot: haltérophile. »[85]

Les prisonniers de guerre n'ont toutefois pas le sentiment que certains d'entre eux puissent bénéficier de traitements de faveur. Après sa libération, Courtois joue pendant la guerre au FC Lausanne en Suisse, après la guerre il retourne en France et reprend sa carrière de footballeur professionnel.

« DIMANCHE 19 AVRIL 1942 - Match de football. Victoire du Damm II sur l'équipe du kommando de Friesack par 7 buts à 0. Les prisonniers de kommandos différents ne peuvent se rencontrer qu'à l'extérieur de leurs propres camps. Il nous

---

83 Ebd., S. 298f. Frémaux évoque ici une situation particulière ayant existé peu de temps dans les détachements de Damm et Wutzetz. Le but étant de liguer les Irlandais contre les Anglais par la pratique du sport et la mise en œuvre d'une rivalité. De tels essais ont également été menés dans d'autres camps entre les Ukrainiens et les Russes. Vgl. O`Reilly, Terence: Hitler`s Irishmen. Cork 2008 sowie Theilig, Stephan: „Die Schulungslager des Reichsministeriums für die besetzten Ostgebiete im Rhinluch." In: Archäologie in Berlin und Brandenburg: 2018. Stuttgart 2020, S. 124-125.
84 Frémaux, S. 335.
85 Frémaux, S. 207, Anm. 56.

est donc impossible de conclure un match de basket à l'intérieur du camp, avec nos camarades de Friesack. »[86]

Il s'agit de la dernière rencontre à laquelle Frémaux participe car il est renvoyé le 10 mai 1942 au camp principal de Luckenwald. La majorité des rencontres évoquées se sont déroulées à Damm II. Seul ce détachement était pourvu d'un vrai terrain de football que l'on retrouve indiqué sur les différents plans et photographies du détachement. A l'origine son emplacement était prévu ailleurs.

[86] Ebd., S. 457.

Roger Frémaux de retour à Luckenwalde

De retour à Luckenwalde, Frémaux temoigne de rencontres sportives au camp principal. Lors de la Pentecôte, comme l'attestent les articles du journal de camp, de nombreuses fêtes religieuses et messes sont célébrées. A côté de la ferveur chrétienne, le football n'est pas absent :

« DIMANCHE 24 MAI 1942 - Pentecôte. Messe solennelle avec orchestre symphonique, harmonium et chorale. Salle archi-comble. Assistance recueillie. Nombreuses communions. L'après-midi, au stade, match de football entre les équipes du Stalag et de Luckenwalde. »[87]

Contrairement aux nombreux reportages dans le journal du camp, Frémaux rapporte de manière très drastique les évènements autour du Festival des Régions qui a lieu les 4 et 5 juillet 1942 :

« SAMEDI 4. DIMANCHE 5 JUILLET 1942 - Athlétisme - football. Concert. Revue. Fête des Provinces françaises. Danses du folklore. Sketches, trop conventionnels à mon gré. »[88]

« DIMANCHE 2 AOUT 1942 - Match de football entre Français et Serbes. Brutalité. Le jeu dégénère en match de boxe, l'arbitre arrête judicieusement la partie. »[89]

A partir de là, plus de compte-rendu de rencontres et de football. Au cœur de ses récits la tristesse du quotidien de la captivité ne laisse plus aucune place aux loisirs.

---

87 Ebd., S. 468. Voir aussi Le III A.
88 Ebd., S. 489. Le jour suivant Frémaux est affecté au commando forestier, le Waldkommando.
89 Ebd., S. 496.

C'est dans ce détachement que Frémaux connait la fin de la guerre et de sa captivité. Il est le témoin des derniers matchs de foot au camp principal qui, malgré les alertes aériennes, continuent de se jouer. Entre les lignes on peut lire l'espoir d'une libération prochaine et de la fin de la guerre :

« DIMANCHE 18 MARS 1945 - 11 h, alerte. 20 h 30, alerte. Manifestations sportives, organisées par les Irlandais en l'honneur de la Saint-Patrick. Victoire britannique en rugby (20-5), et en football (5-1). Victoire française en basket (38-24)-(11-10).»[90]

« SAMEDI 31 MARS 1945 - 9 h 30, alerte. Pâques 1945. Vent et pluie. Temps de Toussaint. En football, l'équipe du Stalag parvient à battre l'équipe irlandaise par 3 buts à 0. Consternation dans le camp britannique. Le fair-play et la discipline anglaise ont une réputation surfaite; ils n'existent qu'en surface. Malgré notre renom de chauvinisme, nous sommes les seuls à ne pas encourager nos équipes. Le public britannique, beaucoup moins calme, ne cesse au contraire de soutenir ses joueurs d'acclamations: « Go on the RAF, Go on the Army! Lovely ! Quickly! » Sa façon d'applaudir consiste à crier et à siffler.»[91]

Trois semaines plus tard, le 22 avril 1945, le Stalag III A de Luckenwalde est libéré.

---

90 Ebd., S. 894.
91 Ebd., S. 902.

Épilogue

(Christophe Woehrle)

A première vue, lorsque les descendants de prisonniers de guerre fouillent les archives photographiques de leurs aïeux captifs lors de la Seconde Guerre mondiale, ils sont toujours surpris d'y trouver une quantité non négligeable de clichés montrant des prisonniers souriants, pratiquant une activité théâtrale ou sportive. Difficile de concilier l'emprisonnement en Allemagne sous l'autorité aussi sévère d'un régime comme le nazisme et de voir son père déguisé en femme sur une scène et de trouver derrière la photo le tampon du Stalag qui a retenu l'homme pendant plus de cinq ans. Difficile d'entendre le discours de souffrance d'une période enfermé derrière les barbelés, tenu loin des siens et de voir une image d'un match de football ou de tennis. Il n'est donc pas étonnant que les étudiants aient été interpellés et qu'ils aient voulu comprendre. Et ils ont procédé de la plus belle manière qui soit, objectivement et sans parti-pris.

Si les prisonniers de guerre français n'ont intéressé l'historiographie française qu'à partir des travaux de Gascar qui leur consacre un livre entier, le premier dans les années 1960, il faudra attendre les années 1980 pour qu'un historien, Yves Durand leur accorde une place dans l'étude de la Seconde Guerre mondiale, soit plus de 40 ans après la fin de la guerre. Il faut dire que la construction mémorielle de la France d'après-guerre n'avait laissé guère de place aux perdants et seuls les résistants et les héros étaient mis en avant. La Shoah et l'extermination de masse occupant le reste de l'historiographie et les études après l'ouverture des procès de Nuremberg.

Les prisonniers eux-mêmes, voulant aller de l'avant et rattraper le temps perdu passé plus de cinq ans loin de chez eux, de leur famille, de leurs enfants, ne voulaient plus entendre parler de la guerre et de leur captivité. Ils n'étaient pas les héros de 1914 et la Bataille de France était une épreuve douloureuse dont ils n'aimaient pas entendre parler. Leur emploi dans l'économie allemande et leur situation au sein des camps de prisonniers, considérés comme de possibles alliés de l'Allemagne et au service de Vichy ne devait pas arranger leur image auprès de ceux restés au pays et qui se battaient pour la liberté. S'évader était dangereux et ils ont été peu nombreux à tenter le diable. Même pas 40 000 médailles des évadés ont été attribuées après la guerre sur un total de presque deux millions de captifs. Enfin, de retour de captivité, la découverte des camps d'extermination laisse un sentiment d'effroi à la population française. Les prisonniers de guerre Français ne se sentent pas légitimes de se plaindre de leurs conditions de captivité par rapport à ce qu'ils découvrent. Certes, ils ont souffert, mais préfèrent se murer dans le silence pour ne pas être raillés, eux qui sont revenus vivants, en relative bonne santé avec des photographies de « football » et de « théâtre » dans les valises. Ils ont choisi ainsi l'inexorable oubli… mais le temps a passé, les derniers prisonniers de guerre s'éteignent et est venu le temps des historiens qui, apportent la lumière sur un thème oublié de la Seconde Guerre mondiale.

Les études récentes de part et d'autres de la frontière franco-allemande ont consacré des thèses à la pratique des loisirs dans les camps de prisonniers de guerre, la science historique étudie enfin les conditions de la captivité et l'impact économique de cette main-d'œuvre au service du Reich. Ces jeunes étudiants ouvrent la voie de la connaissance sur un sujet qui passionne aujourd'hui les foules et un sport pour lequel on dépense dans le monde des millions d'euros. A l'époque, dans les camps, il était un exutoire à la folie des hommes et un moyen d'évasion d'un quotidien qui ravageait les esprits les plus robustes.

Fußball in Gefangenschaft –
Football en captivité

Quellenanhang / Annexe source

„Le III A"

Auszüge zum Thema erster organisierter Sport / „Leibesübungen" und Fußball im Stammlager III A Luckenwalde aus der Lagerzeitung „Le III A" (Bundesarchiv Militärarchiv / Museum Luckenwalde, MSG 200/2751, 1941-1943). Andere, auch im Stalag präsente Sportarten wie Volleyball, Tischtennis, Leichtathletik, Rugby, Tennis oder Boxen, werden in diesem Exzerpt nicht behandelt.

Extraits sur le thème du sport en captivité / activités physiques et Football au Stalag III A Luckenwalde issu du journal de camp le III A. D'autres activités sportives sont pratiquées au Stalag telles que volleyball, tennis de table, athlétisme, rugby, tennis ou boxe qui n'ont pas été traités par cette étude.

15.11.1941

„Wintersport"

15.2.1942

> Grâce au concours dévoué du Comité International de la Croix-Rouge, de la Croix-Rouge Française, du Comité d'Assistance et de nombreuses autres œuvres, de nombreux livres de tout genre et des articles indispensables à la pratique du sport, ont été, et continuent d'être, rassemblés, et sont expédiés fréquemment dans les camps.

Unterstützung durch das frz. Rote Kreuz, das Internationale Rote Kreuz und anderer bei der Beschaffung von Literatur zur sportlichen Erziehung und „Leibesübungen", weil diese stark nachgefragt seien.

1.4.1942

Les Sports

Chers Camarades.

Vous avez pu vous rendre compte de la place de choix que notre Maréchal a réservé à l'éducation physique et aux sports dans son programme de redressement national.

Ne restons pas en dehors de ce mouvement, mais au contraire cherchons a y avoir notre part. La captivité nous a déjà formé une âme forte, continuons le travail en la logeant dans un corps robuste et sain.

Malheureusement, travailleurs des kommandos, vous n'avez pas à votre disposition de moniteurs qualifiés, ni d'installations appropriées comme vos camarades du Stalag. Aussi viendrons nous, régulièrement, dans les colonnes de notre journal vous donner les conseils indispensables à l'exécution d'une petite leçon que vous rendrez, si possible, journalière.

Un camarade ayant déjà pratiqué le sport pourra conduire cette leçon. L'emplacement? Un peu d'espace libre en plein air, Le temps? Même pas celui d'une partie de cartes. Pour le début pas de matériel spécial.

Si vous avez besoin de conseils ou de renseignements n'hésitez pas à nous les demander, nous nous tenons à votre disposition pas l'intermédiaire de l'homme de confiance.

A notre prochain numéro et à la même place. Pour les moniteurs du C.S.S. III A.

Le Président, BAUBRY Pierre. 43.789.

Für Marschall Petain nähme der Sport eine wichtige Rolle ein. Für die Gefangenen sei der Sport wichtig für den „Kampfgeist". Leider könnten die Arbeitskommandos nicht, wie die Lagerinsassen, daran partizipieren. Jedoch würden im Journal Anleitungen für den Sport abgedruckt, wenn es möglich ist: täglich. Dafür bräuchte man wenig Platz, frische Luft, und wenig Zeit, anstatt einer Partie Karten.

15.5.1942

SPORTS

LA MÉTHODE NATURELLE

L'entraînement par la méthode naturelle tient tout entière dans la formule suivante : Retour aux conditions naturelles de vie, autrement dit grand air, pleine nature, nudité du corps, pratique des exercices naturels et utilitaires indispensables.

Les exercices naturels et utilitaires constituent la base de l'entraînement complet ou généralisé. Ils comprennent les dix genres fondamentaux suivants : la marche, la course, le saut, la quadrupédie, le grimper, l'équilibrisme, le lever et porter, le lancer, la défense et la natation.

Pratiquement, une séance ou leçon d'entraînement est un parcours, un déplacement plus ou moins long, au cours duquel on marche, on grimpe ou on escalade, on progresse en équilibre, on lève et on porte, on lance, on lutte, on nage... C'est si l'on veut l'image de la partie active de la vie naturelle, la reproduction réelle ou la représentation figurée d'une expédition de chasse ou de recherche de nourriture en pleine nature sauvage.

La longueur du parcours dépend évidemment du degré d'entraînement des sujets. Elle varie de quelques centaines de mètres à plusieurs kilomètres.

Il existe deux sortes de leçons :
— la leçon sur parcours en pleine nature ou leçon en trajet continu.
— la leçon sur espace restreint ou sur « plateau » avec trajet en va-et-vient.

La leçon en pleine nature se déroule un trajet continu sur toutes sortes de terrains plus ou moins garnis d'obstacles divers. Tout ou partie des exercices entrent forcément dans sa composition. Mais cette composition, pas plus que l'ordre d'exécution des exercices, ne peuvent être prévus à l'avance, l'une et l'autre sont imposés par les circonstances, la nature des terrains traversés, le nombre et la variété des obstacles rencontrés.

La règle des alternances, effort, détente, doit être respectée par le moyen des bonds.

Un bond est un trajet de faible longueur de 30 à 50 mètres au plus, exécuté à des allures diverses suivant les circonstances et sous forme de course ou de marche aussi bien que de quadrupédie, d'équilibrisme, d'escalade, de passage d'obstacles, de porter, etc...

Entre les bonds successifs s'effectuent des marches en allure lente qui permettre une détente ou assurent un moment de repos rela.

La leçon en pleine campagne doit être considérée comme une petite expédition et en dehors du tracé à parcourir et du point à atteindre, avoir un but figuré ou réel, qui peut-être suivant les circonstances de temps, de lieu : une exploration, une ascension, une chasse, un sauvetage, etc... La leçon ainsi comprise répond au triple but à poursuivre en éducation physique : physique, viril, moral.

BAUBRY Pierre 43.798.

Anleitung für Trainingseinheiten in der Natur: „Parkourtraining".

66

15.6.1942

Ankündigung eines Festivals der Regionalgruppen am 4. und 5.7.1942:

Samstag, 4.7.1942: 13:00 Kranzniederlegung auf dem Friedhof; 14:30 Fußball-match: Paris vs. Nord; 19:00 Symphoniekonzert mit frz. Musik.

Sonntag, 5.7.1942: 9:00 feierliche Messe mit Absolution für die Toten; 14:00 Leicht-athletik; 18:30 Große Gala der frz. Regionen.

Die Einnahmen werden in die Solidaritätskasse (Fond) der Gefangenen eingezahlt.

15. Juni 1942

Betont wird die Wichtigkeit des Sports, der täglichen Übungen und deren Wiederholungen. Um Verletzungen vorzubeugen solle man sich aufwärmen und unter Beachtung der Anleitungen trainiert werden.

Juli 1942

„Sonntag, 10. Mai, im sehr gut besuchten Stadion läuft der CSS III A, Dank des guten Willens der deutschen Autoritäten, zum ersten Mal gegen die Fußballmannschaft des AK 483 C Ludwigsfelde auf. In Anwesenheit der frz. Offiziere, der Vertrauensleute und einer stattlichen Anzahl Publikums, zeigten sich die zwei Mannschaften makellos, um die Menge zu begrüßen. Der Kapitän der Mannschaft des Stalag III A überreichte einen Wimpel an die Gastmannschaft. Eine erinnerungswürdige symbolische Geste zu Beginn des Spiels. Louap, der Vertrauensmann des Stalag, schüttelte die Hände der Spieler und Colonnel Evain eröffnete das Spiel. Das Spiel begann schnell, die Gastmannschaft bedrängte die Mannschaft des Stalag III A, diese stellte sich dem Angriff entgegen und organisierte sich neu, ging in die Offensive und erzielte mit ihrem Mittelstürmer ein großartiges Tor. Während der ersten Halbzeit manifestierte sich die Überlegenheit in weiterer zwei sehr gut gemachten Schlägen.

In der zweiten Halbzeit biss Ludwigsfelde die Zähne zusammen, mit einem lobenswerten Mut verhinderten sie, dass sich das Ergebnis noch mehr verschlechterte. Mit dem Resultat von 3 zu 0 beendete der Pfiff des Schiedsrichters das begeisternde und eindeutige Spiel. Tobender Applaus begleitete das Spiel mit der Zufriedenheit, ein gutes Match zu sehen. Die Spieler, Helfer und Organisatoren trafen sich im Anschluß in Barracke Nord 1, um eine Limonade zu trinken, die den traditionellen

Ehrenwein ersetzte. Mit einigen Worten bedankte sich Colonnel Evain für das Engagement der Spieler dieser Partie. Man trennte sich in der Hoffnung, in einem weiteren Spiel wieder aufeinander zu treffen, dieses Mal aber in Ludwigsfelde. Schiedsrichter: L. Folliot 57.073 [gleichzeitig auch der Redakteur für Fußball der „Le III A"]

1.8.1942

SPORTS

Dimanche 17 mai, deux équipes du Stalag partaient donner la réplique aux équipes correspondantes du Kdo 483 à Ludwigsfelde. La joie se lisait sur tous les visages, heureux de s'éloigner des barbelés. Après un court voyage nous descendions à la gare de Ludwigsfelde, là nous attendaient le Kdo-Führer et plusieurs camarades. A notre arrivée, dans une salle des fêtes très bien aménagée « la buvette fut très appréciée », l'homme de confiance nous souhaita la bienvenue et nous dit tout le plaisir qu'il avait de nous recevoir. Lonap en quelques mots le remercia de ce charmant accueil et dit sa joie d'être en ce jour plus près de ceux qui lui donnent leur confiance, et le jazz nous fit entendre quelques morceaux de son répertoire, en particulier la marche des coqs de France. Après un casse-croûte arrosé de nombreux demis, les équipes se mirent en tenue et se dirigèrent vers le terrain de sport, 13 heures coup d'envoi du match équipes réserves. Partie sans histoire où le Stalag fit preuve d'une nette supériorité, et gagna par le score de 7 à 0.

Voici le tour des équipes premières, après les préliminaires d'usage présentation des équipes, remises d'un fanion par le capitaine du Kdo 483 C. Le Kdo-Führer donne le coup d'envoi. Dès le début de la partie Ludwigsfelde part à fond et mène à une allure très rapide, mais ne pourra manifester sa supériorité durant la 1ère mi-temps, aucun but n'étant marqué. La 2ème mi-temps concrétisera la nette supériorité du Kdo 483 C et à 8 minutes sur centre de l'ailier gauche, l'ailier droit marque un but magnifique, exploit réédité 2 minutes après. Jusqu'à la fin les joueurs du Kdo jouant avec une ardeur inlassable, marquèrent 2 autres buts par l'ailier droit et l'avant-centre. Ainsi l'équipe de Ludwigsfelde vengea « et d'une façon bien nette » son échec du dimanche précédent, au grand désappointement des joueurs du Stalag.

Tous les joueurs de Ludwigsfelde sont à féliciter pour le jeu magnifique, jeu qu'ils nous permirent d'admirer. On n'en saurait dire autant de l'équipe du Stalag qui doit voir, dans son manque de combattivité, son peu d'esprit d'équipe et peut-être aussi son manque d'habitude de boire de la bière, la raison de son échec. Félicitations aux dirigeants pour l'organisation.

Après une douche réparatrice vainqueurs et vaincus réunis devant quelques mousseux, échangèrent de joyeux propos et ainsi dans une franche atmosphère de camaraderie se termina cette journée du sport, nous avons oublié quelques heures notre captivité.

L. FOLLIOT. 57.073.

quand la revanche ?

- FOOTBALL -
Nord bat Paris par 7 buts à 4.
Match disputé avec acharnement malgré la chaleur. L'équipe la plus complète a gagné et ch'ti ont méritaient la victoire. Très bon arbitrage de Folliot qui sut par son énergie calmer les ardeurs par trop impétueuses de certains.

Oben: Ergebnisse des „Interregionen Tourniers" am 4.7.1942. Nord vs. Paris 7 zu 4.

„Trotz der Hitze wurde im Spiel heftig gerungen. Das Team mit dem größten Zusammenhalt gewann, ein verdienter Sieg. [...] Es war eine sehr gute Schiedsrichterleistung von Folliot, der durch sein energisches Einschreiten manch ungestüme Begeisterung der Spieler beruhigte."

Links, Bericht vom Sonntag, dem 17. Mai:

„Zwei Mannschaften des Stalags nahmen am Rückspiel gegen die Mannschaften des AK 483 in Ludwigsfelde teil. Die Freude war in jedes Gesicht geschrieben, die Freude, sich vom Stacheldraht entfernen zu können. [...]

Nach einer kurzen Fahrt stiegen wir am Bahnhof Ludwigsfelde aus, wo der Kommandoführer und mehrere Kameraden auf uns warteten. Bei unserer Ankunft in einem sehr gut ausgestatteten Feierraum - die Erfrischungsbar wurde sehr geschätzt – wurden wir vom Vertrauensmann begrüßt, der uns sagte, wie erfreut er war, uns zu empfangen.

Louap bedankte sich in wenigen Worten bei ihm für diesen charmanten Empfang und teilte seine Freude mit, an diesem Tag näher bei denen zu sein, die ähnlich empfinden. Er spielte ein paar Stücke aus seinem Repertoires, insbesondere den „Marche des coqs de France"[92].

Nach einem Snack mit vielen schmackhaften Dingen, zogen sich die Teams um und machten sich auf den Weg zum Sportplatz. Um 13:00 Uhr fand das Spiel der Reserveteams statt. Ein einzigartiges ohne Vorbild, bei dem der Stalag als Favorit in das Spiel ging und mit 7 zu 0 gewann. Nach den üblichen Vorbereitungen und der Präsentation der Mannschaften und der Überreichung des Wimpels durch den Kapitän des Kommando 483 C waren nun die ersten Mannschaften an der Reihe. Der Kommandoführer gab das Zeichen. Von Beginn des Spiels an startete Ludwigsfelde mit voller Geschwindigkeit und kam sehr schnell in Führung, konnte aber in der 1. Halbzeit seine Überlegenheit nicht unter Beweis stellen, da kein Tor erzielt wurde. In der zweiten Halbzeit wird die klare Überlegenheit des Kommando 483 C deutlich. In der 8. Minute erzielt der rechte Flügelspieler, der durch das Zentrum des linken Flügels kommt, ein großartiges Tor, das zwei Minuten später wiederholt wird. Bis zum Ende erzielten die Kommando-Spieler, die mit unablässiger Begeisterung spielten, zwei weitere Tore durch den rechten Flügelspieler und den Mittel-

---

92 Christophe Woehrle: „Für einen Fremden sieht das Lied Marche des Coqs de France harmlos aus - es geht hier um ein Vogel den man als Symbol betrachtet, also nichts zum zensieren. Aber in der Realität ist es anders, der Hahn als Symbol für Frankreich vermittelt ein Bild des Widerstandes in diesem Fall, ganz sicher. Ich wäre nicht überrascht, dass es implizit gegen die Gefangenschaft geht ! [Pour un étranger, le chant de la Marche des Coqs parait insignifiant, on y parle d'un oiseau considéré comme un emblème par les Français, rien qui ne s'oppose à la censure. En réalité les choses sont différentes. Le coq représente ici l'emblème de la Résistance, de la fierté d'être Français. Il n'est pas étonnant que le symbole s'utilise pour s'opposer à la captivité et résister !]

stürmer. So hat sich das Ludwigsfelde-Team zur Enttäuschung der Stalag-Spieler gerächt und das Scheitern des vergangenen Sonntags wett gemacht.

Alle Spieler von Ludwigsfelde waren überglücklich über das wundervolle Spiel. Das Gleiche gilt nicht für das Stalag-Team, das in seiner mangelnden Kampfbereitschaft, seinem mangelnden Teamgeist und vielleicht auch in seiner mangelnden Gewohnheit Bier zu trinken, den Grund für sein Scheitern erkennen muss. Herzlichen Glückwunsch an die Leiter der Organisation. Nach einer erholsamen Dusche versammelten sich die Sieger und Besiegten für ein paar Gläschen Sekt, tauschten noch ein paar freudige Worte aus und so endete der Tag, an dem wir durch den Sport und in einer offenen Atmosphäre der Kameradschaft für einige Stunden unsere Gefangenschaft vergessen konnten."

Oktober 1942

„Ligafußball" 1942:

Jeweilige Ergebnisse der 1. Mannschaften und der Reserve-Mannschaften für Mai, Juni und Juli 1942.

Les amateurs du ballon vont pouvoir se distraire, et s'époumonner en encourageant leur équipe favorite.

Grâce à la bienveillance des Autorités Allemandes du camp, en particulier du sous-officier chargé des sports, que je remercie au nom des footballeurs pour les démarches qu'ils ont faites pour obtenir l'organisation d'un championnat Inter-Kommando pour équipe 1er et réserve, et cela malgré les difficultées de transport, je ne peux oublier notre ami Baubry qui fait la liaison entre les Autorités Allemandes et nous, et qui ne ménage pas ses pas.

Ainsi chaque dimanche six équipes se déplacent, et rencontrent des équipes adverses, ce qui donne lieu à des matches bien équilibrés et très disputés.

Ce championnat est organisé selon la formule adoptée en France, par match aller et retour, donnant 3 points à l'équipe gagnante, 1 au perdant et 2 en cas d'exequo. Le remplacement des joueurs blessés est autorisé jusqu'à la mi-temps, et le retour de ceux-ci une fois soignés.

L'arbitrage des matches est assuré par le kommando qui reçoit.

Folliot, Deraed pour le C.S.S. III A.
Houdart, Burles pour Luckenwalde.
Catrina, Lambre pour Ludwigsfelde.
Trégouët pour Oranienburg.

Je remercie ici, les arbitres qui prêtent leur concours et acceptent ce rôle très ingrat, et qui ne craignent pas d'affronter les critiques et les cris des spectateurs.

FOLLIOT. 57.073.

Kommandos engagés.

C.S.S. Stalag III A   726 C Luckenwalde
483 C Ludwigsfelde   416 E Juterbog
941 D Teltow   952 C Oranienburg
Voici les résultats à ce jour.

6 septembre

C.S.S. III A (1) bat Ludwigsfelde (1)	6 à 4
C.S.S. III A (r) bat Ludwigsfelde (r)	4 à 1

13 septembre

Luckenwalde (1) bat Teltow (1)	4 à 1
Luckenwalde (r) bat Teltow (r)	5 à 1
Ludwigsfelde (1) bat Oranienburg (1)	4 à 3
Ludwigsfelde (r) bat Oranienburg (r)	2 à 1

20 septembre

C.S.S. III A (1) et Teltow (1)	2 à 2
C.S.S. III A (r) bat Teltow (r)	4 à 1
Luckenwalde (1) bat Oranienburg (1)	4 à 0
Luckenwalde (r) et Oranienburg (r)	2 à 2
Ludwigsfelde (1) bat Juterbog (1)	3 à 0
Juterbog (r) bat Ludwigsfelde (r)	5 à 0

27 septembre

C.S.S. III A (1) bat Oranienburg (1)	8 à 2
C.S.S. III A (r) bat Oranienburg (r)	5 à 0
Luckenwalde (1) bat Ludwigsfelde (1)	3 à 1
Luckenwalde (r) bat Ludwigsfelde (r)	3 à 0

En équipe première Luckenwalde est en tête avec 9 points.

En équipe réserve le C.S.S. Stalag III A avec 9 points.

L'équipe 1er du C.S.S. III A

Inter-Kommando-Meisterschaft:

„Freunde des Balls können sich freuen und entspannen, denn nun können sie ihre Lieblingsmannschaft anfeuern. Dank des Wohlwollens der deutschen Behörden des Lagers, insbesondere des für Sport zuständigen Unteroffiziers, dem ich im Namen der Fußballer für die Schritte danke, können nun die Inter-Kommando-Meisterschaften der 1. und der Reserveteams stattfinden. Unser Freund Baubry hat trotz aller Transportschwierigkeiten alles unternommen und die Verbindung zwischen den deutschen Behörden und uns hergestellt.

So reisen fortan jeden Sonntag sechs Teams und treffen auf ihre gegnerischen Teams, was zu ausgewogenen und heiß umkämpften Spielen führt. Diese Meisterschaft wird nach französischem Vorbild für das Hin- und Rückspiel ausgetragen. Das Gewinnerteam erhält 3 Punkte, der Verlierer 1 Punkt und bei einem Unentschieden 2 Punkte. Die Auswechslung verletzter Spieler ist bis zur Halbzeit gestattet. Nach erfolgter Behandlung können sie zurück auf das Feld. Die Schiedsrichter werden von den empfangenden Kommandos gestellt.

Folliot, Deraed für C.S.S. III A, Houdart, Burles für Luckenwalde, Catrina, Lambre für Ludwigsfelde, Trégouet für Oranienburg. Ich danke hier den Schiedsrichtern, die ihre Hilfe leisten und diese sehr undankbare Rolle annehmen und die keine Angst haben, sich der Kritik und den Schreien der Zuschauer zu stellen. Beteiligte Mannschaften: C.S.S. Stalag III A, 483 C Ludwigsfelde, 941 D Teltow, 726 C Luckenwalde, 416 E Jüterbog, 952 C Oranienburg."

November 1942

FOOT-BALL

„Alle Spiele werden von der Meisterschaftskommission kontrolliert und vereinheitlicht, die sich aus Folliot, Deraed, Josefaviez, Nollet, Penot und Vurezzi zusammensetzt.

Das 1. Stalag-Team liegt mit 17 Punkten an der Spitze, nachdem es in der Meisterschaft keine Niederlage erlebt hat. Es folgt Luckenwalde mit 16 Punkten, die nur ein Spiel verloren haben. Ludwigsfelde ist 3. mit 12 Punkten, 4. Oranienburg mit 9 Punkten und einem Match weniger, 5. Juterbog 7 Punkte mit einem Spiel weniger, 6. Teltow 6 Punkte.

Das Reserveteam CSS III A liegt mit 16 Punkten an der Spitze, 2. Luckenwalde 15 Punkte, 3. Juterbog 11 Punkte, 4. Ludwigsfelde 10 Punkte 5. und 6. Teltow 8 Punkte, Oranienburg 8 Punkte mit einem Spiel weniger. Folliot"

SPORTS

La Remise des Récompenses aux Équipes gagnantes des Championnats de Football et Voley-Ball de la Saison 1942

Nos lecteurs ont pu suivre, dans la chronique sportive du « III A », les péripéties du championnat inter-kommandos qui mit aux prises, au cours de la saison 1942, les équipes de fooball du camp et des kommandos.

Le team du 726 C Luckenwalde, Capitaine Bonini, remporta la victoire; celui du camp, Capitaine Joséfoviez, se classa second. L'équipe seconde du camp, Capitaine Vigezzi, enleva le championnat de la catégorie Réserve.

Sur l'initiative de notre Camarade Léon Seiler, moniteur général des sports du Stalag, une petite fête intime avec le concours de l'orchestre symphonique sous la direction de Robert Loche réunissait, vendredi 19 février, l'équipe du 726 C, les équipes I et II du Stalag et l'équipe de Voley-ball du camp qui a remporté de haute lutte le championnat du Stalag, pour la remise officielle des récompenses.

Monsieur le Capitaine Desouches, officier-conseil pour le Wehrkreis III, de passage au camp, avait tenu à assister à cette cérémonie à laquelle étaient également présents : Mr. le Sonderführer, Mr. le sous-officier Wüstenhöffer chargé de l'organisation des sports au Stalag, Roger Montagne, Homme de Confiance Général, Robert Legey, Homme de Confiance du camp et les moniteurs Seiler, Vaillant, Joséfoviez et Sandrès.

Le moniteur Seiler remercia les Autorités Allemandes d'avoir facilité au mieux les rencontres et le déplacement des équipes.

Il rendit hommage à la bonne tenue et à l'esprit d'équipe des joueurs et félicita particulièrement Bonini, Capitaine de l'équipe I de Luckenwalde et Lagarde, Capitaine de l'équipe de Voley-ball du camp. En terminant, il espère que la mauvaise saison terminée, le Stade Soulivet sera à nouveau couvert aux sportifs et que l'année 1943 sera, au Stalag III A, l'année des sports et de l'esprit sportif.

Roger Montagne, Homme de Confiance, ne veut pas laisser passer l'occasion d'exprimer à Mr. le Capitaine Desouches la profonde satisfaction qu'éprouvent les présents de l'honneur qu'il leur fait en assistant à cette cérémonie, malgré la tâche écrasante tout entière au service des prisonniers. Il remercie Mr. le Sonderführer et Mr. le sous-officier Wüstenhöffer pour la parfaite compréhension dont ils ont fait preuve et pour l'appui qu'ils ont donné aux sportifs lors de l'organisation des rencontres au Stalag et dans les kommandos.

Soulignant les efforts des moniteurs, il magnifie leur tâche qui est d'arracher leurs Camarades à l'inaction totale et à l'atmosphère déprimante d'une baraque après un travail souvent pénible à l'atelier ou à l'usine, pour les placer dans une ambiance saine, forte et virile, faite de fraternité et de Camaraderie.

Il souhaite que tous nos Camarades utilisent leur captivité à enrichir leur corps, leur esprit et leur cœur afin de mieux « Servir ».

A son tour, le Capitaine Desouches tient à donner quelques paroles d'encouragement à nos athlètes. Il leur rappelle que le Maréchal compte sur les prisonniers pour refaire de la France une nation forte et virile. La pratique du sport est un excellent moyen pour acquérir ou conserver la « forme » que l'on attend de nous: elle nous retrempe non seulement au travail, mais aussi au moral sain. Il cite l'exemple d'une rencontre sportive entre travailleurs civils et prisonniers Français qui s'est terminée à l'avantage des captifs. Puis il exprime ses vœux pour une bonne saison sportive au cours de l'année qui vient de commencer.

Roger Montagne remet alors aux Capitaines des équipes I de Luckenwalde et II du Stalag une œuvre d'art en bronze et un magnifique diplôme d'honneur. Chaque joueur

des 2 équipes entre en possession d'un diplôme individuel.

Par la même occasion, une médaille adressée par la Fédération Française de Voleyball est remise à chaque membre de l'équipe du camp en souvenir de la brillante saison 1942.

Mr. le Sonderführer félicite alors les bénéficiaires de distinctions. Sportif lui-même et ancien gymnaste, il se montre heureusement surpris du nombre d'athlètes récompensés et des performances réalisées au Stalag en 1942. Il se rend compte que l'entraînement des athlètes prisonniers de guerre se poursuit dans des conditions parfois pénibles. Mais les résultats n'en sont que plus concluants car avant d'être à l'honneur il faut avoir été à la peine. « Mens sana in corpore sano », telle est la devise de tout sportif; c'est pourquoi Mr. le Sonderführer exprime ses vœux pour un avenir meilleur où les rencontres sportives internationales pourront, à nouveau, se multiplier librement.

Puis Mr. le sous-officier Wüstenhöffer dit sa satisfaction de sportif pour les beaux résultats obtenus et promet de faire tout son possible au cours de la nouvelle saison afin de faciliter l'entraînement et les rencontres.

La séance est alors levée.

A son tour, certaine en cela d'être l'interprète de tous les sportifs du Stalag, la rédaction du « III A » présente aux onze de Luckenwalde et du camp, ainsi qu'à l'équipe de Voley du camp, ses félicitations qui, pour être un peu tardives n'en sont pas moins sincères.

Robert BIRON 24.221.

Boxe –
LEFIÈVRE, DUTERTRE, HERMAN, URBIN et LEPAGE
Champions du Stalag III A

Première grande manifestation sportive de l'année, le championnat de boxe du Stalag III A, a connu durant deux jours, samedi 20 et dimanche 21 février un succès mérité.

Organisation générale : Seiler; directeur des combats : Sandrès; juges : Lévine et Gaillard; chronométreur : Vaillant.

Voici les résultats des finales :

Plumes : Lefièvre (Ko. 602 F) devient champion du Stalag en battant Frottier par abandon à la 3e reprise.

Légers : Dutertre (Ko 771 A) bat Boucquey (Ko 771 A) aux points.

Mi-moyens : Herman (Ko 602 B), champion du Nord 1934 bat Bisch Stalag par abandon au 1er round et s'adjuge le titre de champion de sa catégorie.

Moyens : Urbin Georges (Ko 949), finaliste de la compétition « Paris-Soir » 1937, ajoute un nouveau fleuron à son palmarès en battant le courageux Mahé (Ko 1313 B) qui, sans entraînement et durement touché au foie n'abandonnera qu'au « times » du 3e round.

Lourds : Ray Lepage (Ko 1135), champion de France 1935 bat Duvernoy (Ko 926 A), champion de France amateur 1927 aux points au cours d'un assaut très élégant et mené très vite de part et d'autre.

Ces épreuves se déroulèrent en présence de Mr. le Colonel Commandant le Stalag III A et des Autorités Allemandes et Françaises du Camp.

Nous ne pouvons terminer ce trop bref compte-rendu sans souligner la bienveillance et sportive compréhension dont les Autorités Allemandes ont fait preuve en facilitant l'organisation et en assurant le déplacement d'une quarantaine de boxeurs répartis en plus de vingt kommandos.

Nous les remercions, ainsi que notre Camarade Seiler promoteur du Championnat qui nous a fait revivre les belles soirées du « Central ».

R. B. 24.221.

„Unsere Leser müssen uns in die Sportchronik von "Le III A" folgen, zu den Höhen und Tiefen der Interkommando-Meisterschaft, die während der Saison 1942 die Fußballmannschaften des Lagers und der Kommandos zusammenbrachte. Das 726 C Luckenwalde Team mit Kapitän Bonint gewann; das des Lagers mit seinem Kapitän Josefoviez, wurde als zweiter eingestuft. Das zweite Team des Lagers, mit Kapitän Vivezzi, gewann die Meisterschaft der Kategorie Reserve. Auf Initiative unseres Kameraden Léon Seiler, des allgemeinen Sportlehrers des Stalag, versammelte sich am Freitag, den 19. Februar, eine kleine Gruppe mit Unterstützung des Sinfonieorchesters unter der Leitung von Robert Loche, dem Team von 726 C, den Teams I und II des Stalag und des hart gekämpften Camp-Voleyball-Teams der Stalag-Meisterschaft für die offizielle Preisverleihung. Hauptmann Desouches, beratender Offizier des Wehrkreises III, der durch das Lager ging, wollte an dieser Zeremonie ebenfalls teilnehmen: Der Sonderführer, Herr Unteroffizier Wüstenhöffer, der Verantwortliche für die Organisation des Sports im Stalag Roger Montagne, der Hauptvertrauensmann Robert Legey, weitere Vertrauensmänner des Lagers und die Beobachter Seiler, Vaillant, Joséfoviez und Sandrès.

Der Beobachter Seiler dankte den deutschen Behörden für die Erleichterung der Treffen und des Transports der Teams. Er würdigte das gute Benehmen und den Teamgeist der Spieler und gratulierte insbesondere Bonini, Kapitän von Team 1 von Luckenwalde und Lagarde, Kapitän des Volleyballteams des Lagers. Abschließend gab er seiner Hoffnung Ausdruck, dass das Soulivet-Stadion nach der schlechten Jahreszeit wieder für Sportler geöffnet sein wird und dass 1943 im Stalag III A das Jahr des Sports und der Sportlichkeit sein wird. Roger Montagne, Mann des Vertrauens, möchte nicht die Gelegenheit verpassen, Herrn Hauptmann Desouches die tiefe Dankbarkeit für die Ehre der Anwesenheit bei der Zeremonie, trotz seiner zahlreichen Aufgabe auszudrücken . Er bedankt sich bei dem Herrn Sonderführer und Herrn Unteroffizier Wüstenhöffer für ihr Verständnis und die Unterstützung, die sie den Athleten bei der Organisation der Spiele im Stalag und in den Kommandos gegeben haben. Er betont die Bemühungen der Beobachter und vergrößert ihre Aufgabe, ihre Kameraden von der völligen Untätigkeit und der bedrückenden Atmosphäre einer Baracke nach oft mühsamer Arbeit in der Werkstatt oder in der Fabrik loszureißen, um sie ihnen einen Raum für eine gesunde, starke und männliche Atmosphäre zu geben, beruhend auf Brüderlichkeit und Kameradschaft.

Ich hoffe, dass alle unsere Kameraden ihre Gefangenschaft nutzen werden, ihren Körper, ihren Geist und ihr Herz zu bereichern, um besser zu dienen. Im Gegenzug möchte Captain Desouches unseren Athleten einige ermutigende Worte geben. Er erinnert sie daran, dass der Marschall auf die Gefangenen zählt, um Frankreich zu einer starken und männlichen Nation zu machen. Sport ist eine hervorragende Möglichkeit, die "von uns erwartete Form" zu erlangen oder beizubehalten. Es bewegt uns nicht nur ein Körper, sondern auch eine gesunde Moral. Ich zitiere das Beispiel eines Sporttreffens zwischen Zivilarbeitern und französischen Gefangenen, das zum Vorteil der Gefangenen endete. Dann drückt er seine Wünsche für eine gute Sportsaison im gerade begonnenen Jahr aus. Anschließend überreichte Roger Montagne den Kapitänen der Teams I aus Luckenwalde und II aus dem Stalag ein Bronzekunstwerk und ein besonderes Ehrendiplom.

Jeder Spieler der beiden Mannschaften erhält ein individuelles Diplom. Gleichzeitig wird jedem Mitglied des Lagerteams zum Gedenken an die glänzende Saison 1942 eine vom französischen Volleyball-Verband zugesandte Medaille verliehen. Anschließend gratuliert der Herr Sonderführer den Empfängern der Auszeichnungen. Er war selbst Sportler und ehemaliger Turner und war glücklich überrascht über die Anzahl der belohnten Athleten und die Leistungen, die 1942 im Stalag erzielt wurden. Er anerkannte, dass das Training von Kriegsgefangenen unter manchmal schmerzhaften Bedingungen fortgesetzt wurde. Aber die Ergebnisse sprächen für sich. Ehre könne man nur empfangen, wenn man die Trauer kennt: „Mens sana in corpore sano" (Ein gesunder Geist in einem gesunden Körper) so lautet das Motto eines jeden Athleten, weshalb Herr Sonderführer seine Wünsche für eine bessere Zukunft zum Ausdruck bringt, in der sich internationale Sporttreffen wieder frei entfalten können. Dann bekundete Herr Unteroffizier Wüstenhöffer seine Zufriedenheit als Sportler für die guten Ergebnisse und verspricht, in der neuen Saison alles Mögliche zu tun, um Training und Treffen zu erleichtern. Die Zeremonie endete damit.

Einige, wie der Dolmetscher der Sportler des Stalag, der Redaktion der III A, beglückwünschten die „Elf" von Luckenwalde und dem Lager sowie dem Voley-Team des Lagers, nicht weniger aufrichtig, auch wenn sie erst später drankamen.

Robert BIRON"

April/Mai 1943

„Von der Außenlinie [...] Sonntag den 4.4.1943 findet ein besonderes Turnier statt. Die Auswahl der Lagermannschaft gegen den Rest: das Wahrscheinliche gegen das Mögliche. Ein guter Platz, ein guter Ball und eine angenehme Atmosphäre. Freier Eintritt, aber die Sonne jammert. Anstoß ist um 14:15 Uhr [...] Das Match beginnt nur mit 45 Minuten Verspätung, das ist wenig, wenn man bedenkt, dass das Leben noch länger gehen wird. Man sollte aber nichts sagen, denn es ist ohnehin kostenfrei. [...] Theater gegen Musik, Sanitäter gegen Ordonanzen, Ärzte gegen Reformierte, Schuster gegen Schneider, Buxen Kommando gegen Muxen Kommando, „Abwehr" gegen Ledige, Väter von 3 Kindern gegen Väter von 2 Kindern, Gärtner von 334 gegen Erntehelfer, Baracken Chefs gegen Übersetzer."

Juni 1943

Ergebnisse der Meisterschaft vom 11. April 1942

Bericht des Roten Kreuz vom 17.7.1941 (Archiv des Roten Kreuz)

17 JUIL 1941

Allemagne

STALAG III A. Luckenwalde

Visité le 21 juin 1941.
Homme de confiance: Français, Sergent Gay, No.475 (XXI C)
                    Serbe,   Dr.Franz Prezelj, No.89.036

Seite 2

     Une belle place de sport munie de divers engins
de gymnastique et d'une piste de course, permet aussi le jeu
de foot-ball. On demande des ballons de foot-ball pour les
détachements de travail.

Ein schöner Sportplatz mit verschiedenen Turngeräten und einer Laufbahn ermöglicht

auch das Fußballspiel. Wir bitten um Fußbälle für die Arbeitsabteilungen.

81

Bericht des Roten Kreuz vom 1.7.1942

STALAG III A, LUCKENWALDE.

Visité par le Dr. Masset, le 1.7.42

Homme d' confiance : Français: LOUAP Marcel, No.64819
Sergent-chef

Effectif: français: au Stalag   30963
au camp lui-même   2829
et quelques milliers de Serbes

Seite 6

DESIRS

Dents et matériel de prothèses dentaires
Ballons de foot-ball et ballons de rugby
Equipment de sport pour l'équipe de foot-ball
Balles de ping-pong.

Bedarf:

Zähne und Material für Zahnprothesen

Fußbälle und Bälle für Rugby

Ausrüstung für die Fußballmannschaft

Tischtennisbälle

Fußball in Gefangenschaft –
Football en captivité

Bildteil / Partie image

Deutscher Westfeldzug 1940. (Sammlung Hilker)

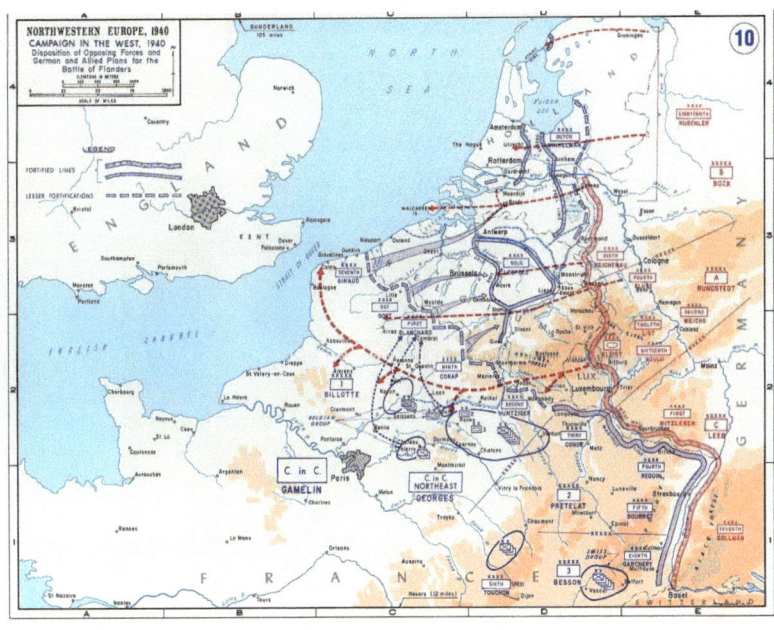

Operativer Verlauf 1940. (wikicommons)

Deutscher Westfeldzug 1940. (Sammlung Hilker)

Deutscher Westfeldzug 1940. (Sammlung Hilker)

Deutscher Westfeldzug 1940 / Kanalküste. (Sammlung Hilker)

Deutscher Westfeldzug 1940. (Sammlung Hilker)

Kriegsgefangene französische Soldaten im Mai 1940.
(Foto: Bundesarchiv, Bild 121-0404)

Die Deutschen Wehrkreise 1940. (wikicommons)

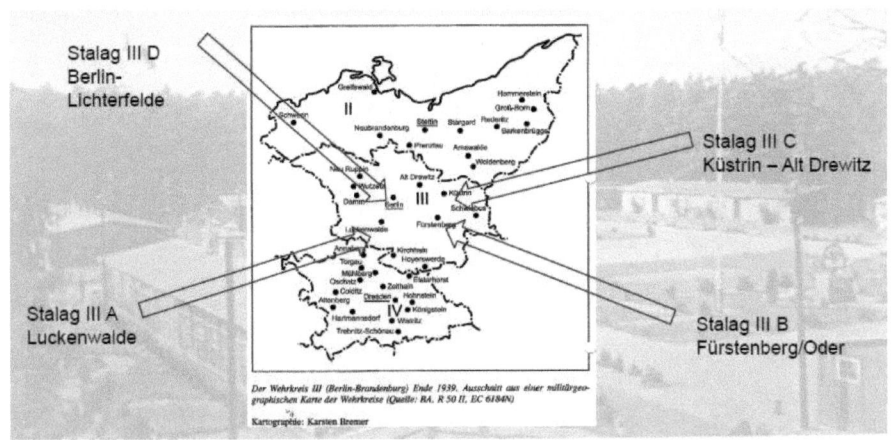

Stammlager und Nebenlager im Wehrkreis III. (Sammlung Leist)

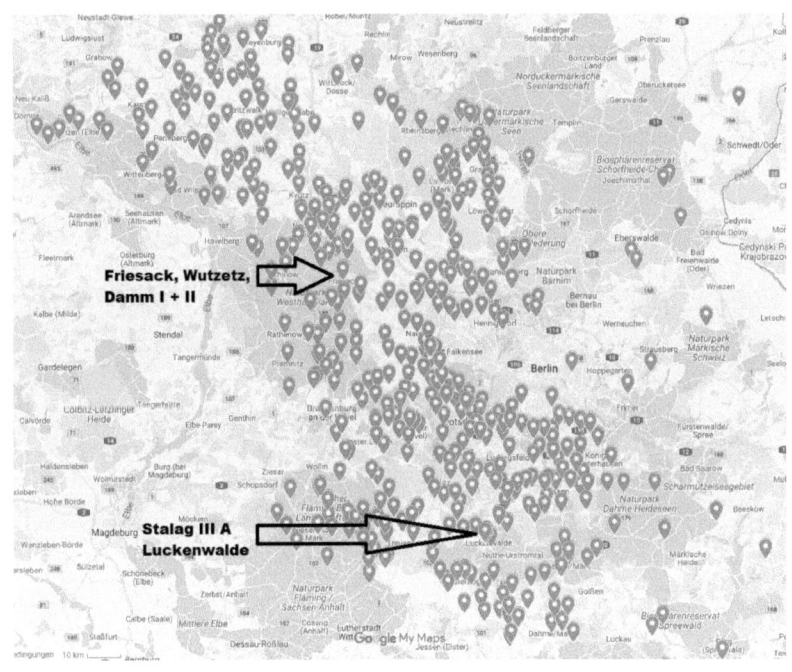

Standorte französischer Arbeitskommandos in Brandenburg und
Berlin. (googlemaps / facebook-Gruppe „Stalag III A")

Luftbild des Stalag III A vom 9.4.1945. (Museum Luckenwalde)

Innenansicht des Stalag III A .
(Foto: Joel Delage / facebook-Gruppe „Stalag III A")

Orchester der französischen Kriegsgefangenen im Stalag III A.
(facebook-Gruppe „Stalag III A")

Thetaergruppe der französischen Kriegsgefangenen
im Stalag III A. (facebook-Gruppe „Stalag III A")

Aquarellansicht des Stalag III A.
(Sammlung Lejeune / facebook-Gruppe „Stalag III A")

Aquarellansicht des Stalag III A.
(Sammlung Lejeune / facebook-Gruppe „Stalag III A")

Der französische Kriegsgefangene Roger Lejeune.
(Sammlung Lejeune / facebook-Gruppe „Stalag III A")

Foto des ersten großen Lagerspiels am 10. Mai 1942 zwischen dem CSS III A Luckenwalde
und dem AK 483 C Ludwigsfelde auf dem Fußballplatz im Stalag III A, aufgenommen von einem
amerikanischen Gefangenen mit einer versteckten Kamera. (Foto: Museum Luckenwalde)

Die erste Mannschaft des CSS III A im Jahre 1942.
(Foto: Louis Folliot / Sammlung Hamelin)

Eine Mannschaft des Stalag III A. (facebook-Gruppe „Stalag III A")

Reservemannschaft des CSS III A. (Sammlung Chauveau / facebook-Gruppe „Stalag III A")

Eine Mannschaft des Stalag III A. (Foto: Louis Folliot / Sammlung Hamelin)

Gastmannschaft des französischen Arbeitskommandos 843. (facebook-Gruppe „Stalag III A")

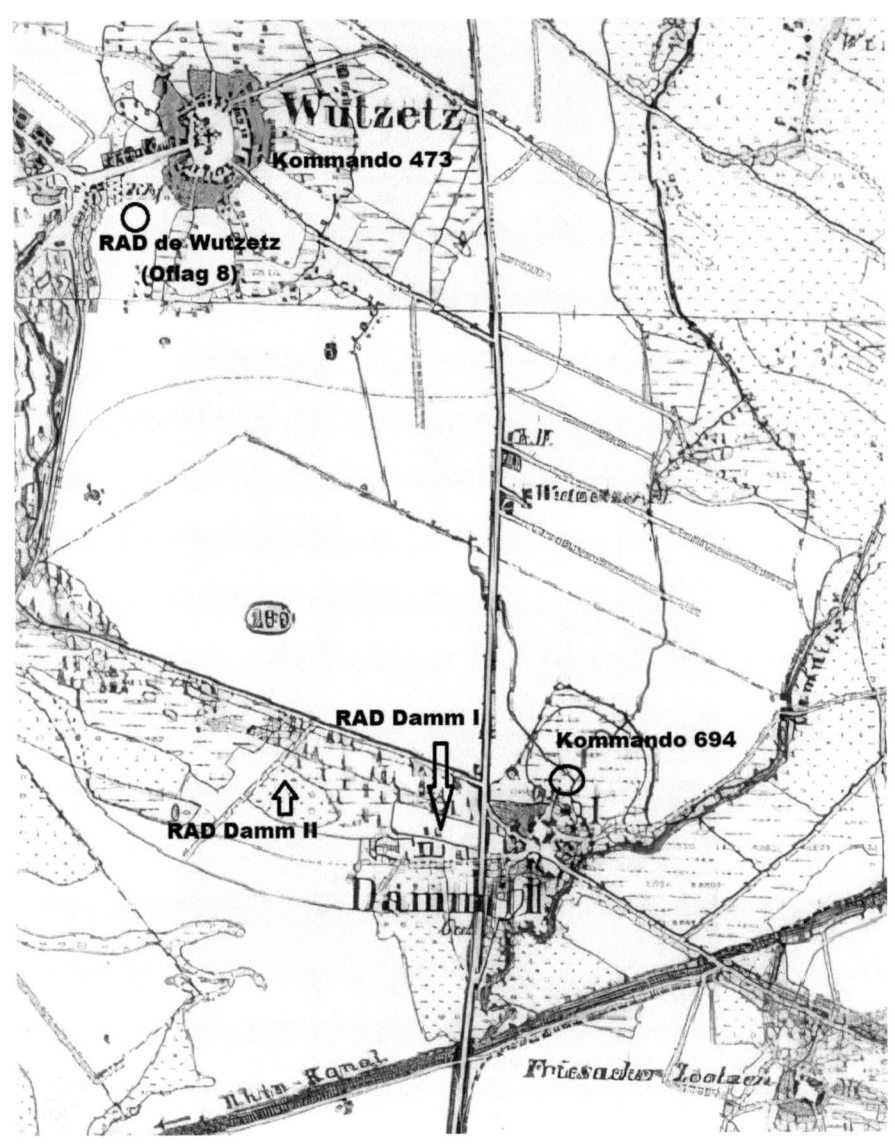

Die Lager Wutzetz, Damm I und Damm II bei Friesack.
(Darstellung nach Starck, Synthese, S. 14)

Jean Roger Frémaux war ein begeisterter Basketballspieler und ist auf einem Foto als solcher zu erkennen. Als Sportschuhe dienten ihm dabei Sandalen. (Sammlung Hamelin)

Das ehemalige RAD-Lager in Wutzetz. (Sammlung Leist)

Das ehemalige RAD-Lager Damm. (Sammlung Leist)

RAD. 9/96 - Damm II

Das ehemalige RAD-Lager Damm II. (Sammlung Leist)

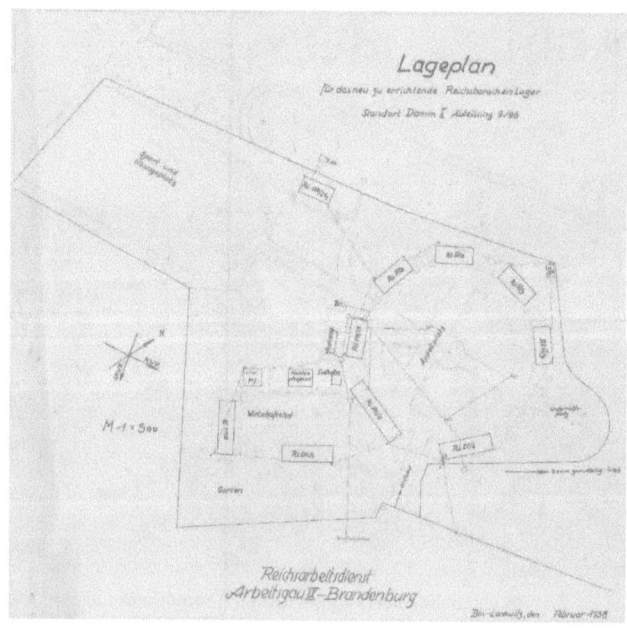

Lageplan des Lagers Damm II 1938 mit Sportplatz. (Sammlung Leist)

Karte zum Einsatz von Kriegsgefangenen in Damm. (BLHA / Sammlung Theilig)

Einsatz des RAD beim Ausbau des Rhinkanals. Diese Arbeiten wurden
nach Kriegsbeginn von Kriegsgefangenen fortgeführt. (Sammlung Leist)

Quellen- und Literaturverzeichnis

Quellen, Archive und Sammlungen

Archiv des Architekturmuseums der Technischen Universität Berlin (Herta Hammerbacher: Grünflächen am Reichsarbeitsdienstlager Damm II, Abt. 9/96, Lageplan des Lagers mit Gartenplan 1:500, 74,9 x 102,2 cm (Inv.Nr. HH 0358,002))

Archiv des Internationalen Komitees des Roten Kreuz (Visitationsakten der Kriegsgefangenenkommissionen im Stalag III A vom 12.10.1940, 21.6.1941, 1.7.1942, 26.5.1943, 25.7.1944)

Archiv des Stadtmuseums Luckenwalde / Bundesarchiv – Militärarchiv Freiburg i.B. (Kriegsgefangenenzeitung der frz. Kriegsgefangenen im Stalag III A „Le III A" (MSG 200/2751, 1941-1943))

Archives des Victimes des Conflits Contemporains (DAVCC) – Caen (Auflistung der Arbeitskommandos des Stalag III A mit freundlicher Unterstützung von Frédéric Rohel, (liste A, liste B, liste C))

Privatarchiv Dr. Christophe Woehrle (Fotografien zum Thema Sport und frz. Kriegsgefangene)

Privatarchiv Sven Leist (Unterlagen, Fotos und Pläne zu den Lagern Damm I, Damm II sowie Wutzetz)

Privatarchiv Dr. Benoit Hamelin (Journal d´un Captif. 1940-1945. Stalag III A 23.651, Jean Roger Frémaux)

Privatarchiv Dr. Stephan Theilig (Unterlagen zu den Reichsarbeitsdienstlagern in OPR)

Dokumente und Bilder aus Privatbesitz von ehemaligen Gefangenen mit freundlicher Genehmigung der Mitglieder der Arbeitsgruppe: „Stalag III A"
(https://www.facebook.com/groups/124772544754046)

(Bericht von Gierre Maxime Louquet, geb. 3.9.1913; René Chauveau, geb. 4.4.1913, gefangen am 17. Mai 1940)

Sekundärliteratur

Cluzeau, Taina: Le football, instrument de propagande et de résistance pendant la Seconde Guerre mondiale. In: National Geographic
(https://www.nationalgeographic.fr/histoire/2020/06/le-football-instrument-de-propagande-et-de-resistance-pendant-la-seconde-guerre), abgerufen am 5.11.2020.

Der Zweite Weltkrieg. Von München bis Moskau, Band 1. Stuttgart,
Zürich, Wien 1989

Frémaux, Jean Roger: Le Journal d'un Captif. Hrsg. von Hamelin, Benoit
(https://www.ormuteditions.com/journal-dun-captif; 22.04.2022)

Gascar, Pierre: Histoire de la captivité des Français en Allemagne. Pairs 1967.

Gomet, Doriane: Sports et pratiques corporelles chez les déportes, prisonniers de guerre et requis français en Allemagne durant la seconde guerre mondiale (1940-1945). Dissertation vorgelegt an der Philosophisch-Historischen Fakultät der Universität Stuttgart 2012.

Hahn, Peter-Michael: Geschichte Brandenburgs. München 2009.

Leist, Sven: Das Lager in Damm. RAD / Stalag / Oflag ... und auch ein geheimes Agentenlager. In: Friesacker Quitzow Kurier, Nr. 48 2013, S. 3.

Leist, Sven: Kurzes Lebensbild – Frau von Polentz. In: Friesacker Quitzow Kurier, Nr. 67 2019, S. 3.

Leist, Sven: Das Oflag 8 – Ein Kriegsgefangenenlager in Wutzetz. In: Moosburg Online (https://www.moosburg.org/info/stalag/oflag8.pdf), abgerufen am 21.12.2020.

Mai, Uwe: Kriegsgefangen in Brandenburg. Stalag III A Luckenwalde 1939-1945. Berlin 1999.

Mai, Uwe: Stalag III A Luckenwalde. Luckenwalde 1999.

Neugebauer, Karl-Volker (Hrsg.): Grundkurs deutsche Militärgeschichte. Band 2: Das Zeitalter der Weltkriege 1914 bis 1945 – Völker in Waffen. München 2007.

Overmans, Rüdiger: Die Kriegsgefangenenpolitik des Deutschen Reiches 1939 bis 1945. In: Die Deutsche Kriegsgesellschaft 1939–1945. Band 9, Zweiter Halbband: Ausbeutung, Deutungen, Ausgrenzung. (= Das Deutsche Reich und der Zweite Weltkrieg. Band 9/1–2). Im Auftrag des Militärgeschichtlichen Forschungsamtes herausgegeben von Jörg Echternkamp. München 2005, S. 729–875.

Scriba, Arnulf: Die deutsche Westoffensive 1940. In: LeMo (https://www.dhm.de/lemo/kapitel/der-zweite-weltkrieg/kriegsverlauf/westoffensive-1940.html), abgerufen 15.11.2020.

Silloray, Florent: Auf den Spuren Rogers. Berlin 2013.

Starck, José: Synthese – Captives des Guerre en Brandenbourg. Manuskript 2017.

Starck, José / Guérard, Lucien: Villages oubliés de l`Allemagne orientale. Lille 2018.

Woehrle, Christophe: Prisonniers de guerre dans l'industrie de guerre allemande (1940-1945). Beaumontois-en-Périgord 2019.